A Pensão por Morte

**Bruno Sá Freire Martins**
*Advogado, servidor público e professor pós-graduado em Direito Público e Direito Previdenciário.*

# A Pensão por Morte

**LTr**

**LTr EDITORA LTDA.**
© Todos os direitos reservados

Rua Jaguaribe, 571
CEP 01224-001
São Paulo, SP — Brasil
Fone (11) 2167-1101
www.ltr.com.br

Produção Gráfica e Editoração Eletrônica: R. P. TIEZZI
Projeto de Capa: FÁBIO GIGLIO
Impressão: PROL ALTERNATIVA DIGITAL
LTr 4622.6
Setembro, 2012

Dados Internacionais de Catalogação na Publicação (CIP)
(Câmara Brasileira do Livro, SP, Brasil)

Martins, Bruno Sá Freire
    A pensão por morte / Bruno Sá Freire Martins. — São Paulo : LTr, 2012.

    Bibliografia
    ISBN 978-85-361-2242-7

    1. Direito previdenciário — Brasil 2. Pensão por morte — Brasil 3. Previdência social — Brasil I. Título.

12-06909                               CDU-34:362.62:368.4(81)

Índice para catálogo sistemático:
1. Brasil : Pensão por morte : Previdência social : Direito 34:362.62:368.4(81)

*Nenhum homem conseguirá concluir com perfeição uma obra seja no campo pessoal, seja no profissional, sem possuir ao seu lado pessoas que lhe proporcionem felicidade e paz. E por vocês existirem é que me considero realizado.*
*Agradeço ao Grande Arquiteto do Universo por ter colocado em minha vida minha esposa Karoline e meu filho Bernardo. Obrigado por vocês estarem sempre ao meu lado.*

*Relaxa que no final tudo dá certo e se não deu certo ainda é porque não chegou o final.*

# Sumário

**Introdução** ............................................................................................................ 9

**Capítulo I. Conceito** .......................................................................................... 11
1.1. Benefício de prestação continuada ........................................................ 17
1.2. Dependentes ............................................................................................ 19
1.3. Dependência econômica ........................................................................ 21
1.4. Segurado falecido .................................................................................... 25

**Capítulo II. Evolução Histórica** ........................................................................ 27
2.1. A Constituição Federal de 1988 ............................................................ 29

**Capítulo III. A Pensão por Morte no Mundo** .................................................. 34
3.1. Europa ...................................................................................................... 35
3.2. Ásia ........................................................................................................... 35
3.3. Américas .................................................................................................. 35
3.4. África ........................................................................................................ 36

**Capítulo IV. A Pensão no Regime Geral de Previdência Social** .................. 37
4.1. Requisitos ................................................................................................. 37
4.2. Carência ................................................................................................... 38
4.3. Beneficiários ............................................................................................ 38
    a) Cônjuges e companheiros(as) ............................................................. 38

  b) Cônjuge separado ou divorciado com direito a alimentos ................................. 41

  c) União homoafetiva ............................................................................ 43

  d) Filhos ............................................................................................... 46

  e) Equiparados a filhos ........................................................................... 49

  f) Menor sob guarda ............................................................................. 50

  g) Pais ................................................................................................... 51

  h) Irmãos .............................................................................................. 52

4.4. Renda mensal ............................................................................................ 52

4.5. Pagamento da renda mensal ..................................................................... 54

4.6. Aplicação da legislação .............................................................................. 56

**Capítulo V. A Pensão nos Regimes Próprios** .................................................... 57

5.1. Carência ..................................................................................................... 57

5.2. Beneficiários .............................................................................................. 57

  a) Maioridade previdenciária ................................................................. 58

  b) União homoafetiva ............................................................................ 58

  c) Filho maior estudante universitário ................................................... 62

5.3. Proventos .................................................................................................. 66

  5.3.1. Início da vigência da nova forma de cálculo ................................. 67

  5.3.2. Reajuste ........................................................................................ 70

5.4. Aplicação da legislação .............................................................................. 75

**Capítulo VI. A Pensão por Morte no Militarismo** ............................................ 76

6.1. Forças armadas ......................................................................................... 77

6.2. Ex-combatentes ......................................................................................... 82

6.3. Militares estaduais .................................................................................... 83

**Capítulo VII. A Pensão por Morte e a Necessidade de Equilíbrio do Sistema Previdenciário** ................................................................................................. 85

**Considerações Finais** ....................................................................................... 91

**Bibliografia** ....................................................................................................... 93

# Introdução

A morte se constitui em um dos momentos mais dolorosos para qualquer família, já que consiste na perda de um ente querido, encerrando toda uma história de vida em comum.

Essa tristeza se agrava ainda mais quando o falecido era o único ou um dos responsáveis pelo sustento financeiro daquele núcleo familiar, fazendo com que este, além da perda do carinho e afeto, ainda perca parcial ou integralmente sua garantia de subsistência.

Assim, encontramo-nos diante de uma situação fática que pode levar aquela família à derrocada social e financeira, exigindo, portanto, a atuação do sistema previdenciário na garantia da manutenção destes dependentes do segurado falecido.

Daí a existência de previsão legal para a concessão de pensão por morte aos dependentes economicamente do segurado falecido, benefício este que, da mesma forma que o sistema previdenciário brasileiro, ao longo do tempo vem passando por um processo de aperfeiçoamento contínuo, tanto nos aspectos relacionados à sua gestão quanto às questões relativas aos benefícios.

Por outro lado, nosso País, ainda hoje, é um dos que mais oferece benefícios previdenciários aos segurados dos Regimes básicos, permitindo que parte destes sejam novamente concedidos no âmbito da previdência complementar.

Fatos estes que exigem a promoção desta série de reformas constitucionais e legais, todas com o intento de equacionar os propalados déficits financeiros apresentados em ambos os regimes básicos.

E dentre os benefícios que sofreram grandes alterações ao longo desse período encontra-se a pensão por morte, modificações estas que sempre foram e são objeto de discussões polêmicas.

A pensão por morte tenta proporcionar alento financeiro à família em um dos piores momentos de sua existência, ou seja, após a morte de um ente querido que também atuava, senão como o provedor-mor daquele lar, pelo menos como um dos sustentáculos financeiro da casa.

As inúmeras alterações, aliadas às polêmicas delas decorrentes, é que tornam o tema fascinante e conduzem a seu estudo de forma mais pormenorizada.

A análise da pensão por morte passa necessariamente pelo conhecimento de seu conceito com todos os elementos que o integram, desde a questão relacionada à dependência econômica do pretenso beneficiário até a ocorrência efetiva ou presumida do óbito do segurado.

Mas nenhum estudo pode ser considerado completo se não contempla a sua evolução através dos tempos, portanto, após conhecer os elementos que integram seu conceito, faz-se necessário analisar o instituto ao longo do tempo, ocasião em que será possível visualizar que o benefício hoje possui características muito diferentes das que possuía quando de sua inserção no sistema previdenciário pátrio.

Além disso, o mundo cada vez mais globalizado exige que as ações e os institutos jurídicos sejam analisados sob a ótica do direito comparado, o que também será feito no decorrer deste trabalho.

Na sequência, a pensão por morte será analisada em todos os seus pormenores, considerando as normas que regem sua concessão no Regime Geral. E, também, as do Regime Próprio, que será dividido em dois, permitindo-se com isso o estudo detalhado da legislação que regula a pensão por morte dos servidores civis e dos militares que integram as Forças Armadas e as corporações policiais estaduais.

Ao final do trabalho seremos convidados a analisar o benefício sob o ângulo da dicotomia existente entre a necessidade de sustento familiar e os preceitos previdenciários que exigem o equilíbrio financeiro do sistema, buscando discutir hipóteses que permitam a conciliação destas duas características na formulação de novas políticas de concessão da pensão por morte.

Espera-se, com este estudo, contribuir para uma discussão profilática acerca do tema, com objetivo de se alcançar a harmonia jurídica entre os aspectos alusivos ao sustento familiar e os princípios previdenciários.

# Capítulo I

# Conceito

A Previdência Social brasileira, em seus Regimes básicos, oferta benefícios voltados a seus segurados e dependentes.

Os benefícios previdenciários visam amparar os segurados e seus dependentes em situações de riscos sociais, conceituados restritivamente como as adversidades da vida a que qualquer pessoa está submetida. Como o risco de doença ou acidente, tanto quanto eventos previsíveis, como a idade avançada — geradores de impedimento para o segurado providenciar sua manutenção.[1]

No caso dos dependentes, as situações de contingência (risco social) que alicerçam a concessão de um benefício são a morte do segurado (pensão por morte) ou a sua prisão (auxílio-reclusão), ocasião em que este não poderá receber remuneração, auxílio-doença ou mesmo aposentadoria.

O risco social morte está arrolado no art. 201, I, da Constituição Federal, bem como o benefício de pensão por morte no inciso V do mesmo artigo. Esse risco social implica a necessidade social de ausência dos rendimentos do segurado para a manutenção da família previdenciária — os dependentes do segurado —, o que será coberto pelo benefício em questão.[2]

Portanto, para que seja concedido o benefício de pensão por morte, a principal condição a ser preenchida é a ocorrência do óbito do segurado.

Entretanto, a concessão do benefício de pensão pressupõe, além do óbito, o preenchimento de outras condições.

---

(1) IBRAHIM, Fábio Zambitte. *Curso de direito previdenciário*. 13. ed. Niterói: Impetus, p. 24.
(2) VIANA, João Ernesto Aragonés. *Curso de direito previdenciário*. 2. ed. São Paulo: LTr, p. 183.

É necessário, ainda, que o segurado tenha pago suas contribuições previdenciárias junto a um dos Regimes Previdenciários básicos, que sejam observados os prazos de carência legalmente estabelecidos para a concessão de benefícios e os demais requisitos previstos em lei.

A exigibilidade de pagamento de contribuições previdenciárias constitui-se no primeiro requisito para a manutenção da condição de filiado ao sistema previdenciário, uma vez que somente será considerado segurado aquele que estiver regularmente inscrito no Regime Previdenciário correspondente e realizando suas contribuições regularmente, salvo nos casos em que estiver no período de graça.

O período de graça é instituto afeto ao Regime Geral de Previdência Social (RGPS) e se constitui no lapso temporal em que o segurado, mesmo não contribuindo, não perde tal qualidade; mantém, assim, o direito a todos os benefícios da Previdência Social (art. 15, § 3º, da Lei n. 8.213/1991).[3]

Além do período de graça existe, ainda, a possibilidade de o benefício de pensão por morte ser concedido aos dependentes do segurado, mesmo quando este não mantenha mais essa condição na data de seu falecimento.

Isto porque a perda da qualidade de segurado importa a caducidade dos direitos (art. 102 da Lei n. 8.213/1991), a não ser que o segurado tenha adquirido direito à aposentadoria, quando, então, a perda da qualidade de segurado não será considerada em virtude do respeito ao direito adquirido. Se o segurado adquirir o direito a uma aposentadoria e falecer, deixará pensão para os eventuais dependentes (art. 102, §§ 1º e 2º, da Lei n. 8.213/1991).[4]

Então, mesmo que o *de cujus* tenha perdido a qualidade de segurado, permite-se a concessão de pensão por morte a seus dependentes, no Regime Geral, desde que ele tenha preenchido os requisitos para jubilar-se, antes da perda da condição de segurado. Nesse sentido:

> Pensão por morte. Carência (isenção). Comprovação da qualidade de segurado (necessidade).
>
> 1. Com o advento da Lei n. 8.213/1991, a concessão da pensão por morte independe de número mínimo de contribuições pagas pelo segurado. A norma legal exige, todavia, a comprovação da situação de segurado do falecido para que os dependentes tenham direito ao benefício, o que, no caso, não ocorreu.
>
> 2. É da jurisprudência da Terceira Seção que a pensão por morte é garantida aos dependentes do *de cujus* que tenha perdido a qualidade de segurado, desde que

---

(3) TSUTIYA, Augusto Massayuki. *Curso de direito da seguridade social*. São Paulo: Saraiva, 2007. p. 234.
(4) TAVARES, Marcelo Leonardo. *Direito previdenciário*. 10. ed. Rio de Janeiro: Lumen Juris, p. 85.

preenchidos os requisitos legais da aposentadoria antes da data do falecimento, o que, na hipótese, também não ocorreu.

3. Agravo regimental improvido.⁽⁵⁾

Tanto é assim que o próprio Superior Tribunal de Justiça pacificou seu entendimento nesse sentido, por intermédio da edição de súmula cujo teor é o seguinte:

> Súmula n. 416. É devida a pensão por morte aos dependentes do segurado que, apesar de ter perdido essa qualidade, preencheu os requisitos legais para a obtenção de aposentadoria até a data do seu óbito.

O vínculo jurídico entre o Regime Geral de Previdência Social e o segurado, ensejador do direito à habilitação para o gozo de benefício, em especial para que seus dependentes possam pleitear pensões por morte, deve ser efetivado por este em vida. Uma vez que o INSS, por força do que estabelece o § 5º do art. 18 do Regulamento da Previdência Social (Decreto n. 3.048/1999), admite a filiação *post mortem* somente do segurado especial.

O Segurado Especial é a pessoa física residente no imóvel rural ou em aglomerado urbano ou rural próximo que, individualmente ou em regime de economia familiar, ainda que com o auxílio eventual de terceiros,⁽⁶⁾ nas condições previstas no inciso VII do art. 11 da Lei n. 8.213/1991, com as alterações que lhe foram promovidas pela Lei n. 11.718/2008, labora com o objetivo de manter sua subsistência.

Saliente-se, também, que no RGPS o pagamento das contribuições previdenciárias não é pressuposto para a concessão de qualquer benefício aos segurados especiais.

Estes segurados precisam demonstrar apenas que preenchem os requisitos para serem enquadrados na condição de segurado especial, previstos no art. 11, inciso VII, §§ 1º, 6º, 7º, 8º, 9º e 10, da Lei n. 8.213/1991.

Então, os dependentes do segurado especial falecido, para fazerem jus à pensão por morte, precisam demonstrar apenas que o *de cujus* preenchia em vida as condições exigidas para ser reconhecido como segurado especial.

Destaque-se que no âmbito do Regime Próprio de Previdência Social não existe o instituto do período de graça, portanto, para manter a condição de segurado será necessário o pagamento regular das suas contribuições.

No que tange à carência, esta não existe no Regime Próprio de Previdência Social, porém no Regime Geral consiste no número mínimo de contribuições mensais que o segurado deve possuir para fazer jus à concessão de um benefício.

---

(5) STJ. AgRg no AgRg no Ag 652029/SP. Rel. Min. Nilson Naves. 6ª T. j. 20.4.2006.
(6) TAVARES, Marcelo Leonardo. *Direito previdenciário*. 13. ed. Niterói: Impetus, p. 79.

Mas, por força do que estabelece o art. 26, II, da Lei n. 8.213/1991, não há prazo de carência para a concessão de pensões por morte.

Portanto, para que ocorra a geração do direito à pensão por morte, independentemente de Regime previdenciário, não se exige um número mínimo de contribuições previdenciárias mensais, bastando, apenas, que a relação jurídica com o respectivo Regime tenha se iniciado.

Caso o segurado venha a falecer durante a vigência da relação jurídica previdenciária, mesmo que ainda não tenha vertido qualquer contribuição para o sistema, seus dependentes farão jus ao benefício.

Aparentemente tal situação soa como impossível de ocorrer, mas não se pode desconsiderar a possibilidade de o servidor público ou mesmo o segurado do Regime Geral vir a óbito nos primeiros dias de trabalho.

Nessa oportunidade, ainda não terá recebido nenhum salário, mas já terá iniciado sua relação jurídica com a Previdência Social, motivo pelo qual seus dependentes farão jus à pensão por morte.

A relação jurídica previdenciária se inicia no âmbito do Regime Próprio, após o servidor ter completado o seu ciclo de investidura, ou seja, ter sido nomeado, tomado posse e entrado em exercício.

No Regime Geral, o marco da relação jurídica previdenciária entre os segurados e a Previdência é a filiação[7], que se dará nas condições previstas no art. 20 do Decreto n. 3.048/1999 (Regulamento da Previdência Social).

Poder-se-ia até cogitar que mesmo iniciada a relação jurídica previdenciária, o segurado que tenha menos de 1 (um) mês trabalhado não efetivou contribuições para o respectivo Regime.

Tal argumento queda diante do fato de que a remuneração pelo trabalho, apesar de paga mensalmente, consiste na retribuição pelo esforço despendido pelo prestador em favor do tomador, independentemente do prazo que esta relação tenha durado.

Então, o trabalhador, seja no serviço público ou na iniciativa privada, que labora por um dia faz jus ao recebimento de sua retribuição pecuniária.

Nesse caso, em havendo remuneração, mesmo que alusiva ao dia trabalhado, deverá incidir obrigatoriamente contribuição, uma vez que a base de cálculo das contribuições previdenciárias é a remuneração recebida pelo segurado.

Diante de tal incidência, não resta dúvida quanto à efetivação de contribuições em favor do respectivo Regime pelo *de cujus*.

---

(7) KERTZMAN, Ivan. *Curso prático de direito previdenciário*. 3. ed. Salvador: Juspodivm, p. 77.

Por fim, para que o dependente do segurado faça jus ao benefício de pensão por morte é preciso que tenha cumprido os requisitos fixados na Lei vigente por ocasião do óbito.

No Regime Geral, a Lei n. 8.213/1991 elenca, em seu art. 16, o rol de dependentes do segurado que podem vir a figurar como seus beneficiários.

O rol estabelecido pelo referido dispositivo legal vem sofrendo ampliações por força de decisões judiciais e até mesmo por atos normativos emanados do próprio Poder Executivo federal.

Exemplo desta ampliação é o disposto no art. 25 da Instrução Normativa INSS/PRES n. 45, de 6 de agosto de 2010, cujo teor é o seguinte:

> Art. 25. Por força da decisão judicial proferida na Ação Civil Pública n. 2000.71.00.009347-0, o companheiro ou a companheira do mesmo sexo de segurado inscrito no RGPS integra o rol dos dependentes e, desde que comprovada a vida em comum, concorre, para fins de pensão por morte e de auxílio-reclusão, com os dependentes preferenciais de que trata o inciso I do art. 16 da Lei n. 8.213, de 1991, para óbito ou reclusão ocorridos a partir de 5 de abril de 1991, conforme o disposto no art. 145 do mesmo diploma legal, revogado pela MP n. 2.187-13, de 2001.

No âmbito dos Regimes Próprios de Previdência Social, cabe a cada Ente Federado elencar na legislação específica os requisitos exigidos para a concessão de pensão por morte aos dependentes do segurado.

Entretanto, o Ministério da Previdência Social, exacerbando o poder de orientação, supervisão e acompanhamento que lhe fora outorgado pelo inciso I do art. 9º da Lei n. 9.717/1998, impôs aos Regimes Próprios, através da Orientação Normativa SPS n. 2, de 31 de março de 2009, o mesmo rol de dependentes do Regime Geral, conforme apregoa o § 2º do seu art. 51:

> Os regimes próprios deverão observar também a limitação de concessão de benefício apenas aos dependentes constantes do rol definido para o RGPS, que compreende o cônjuge, o companheiro, a companheira, os filhos, os pais e os irmãos, devendo estabelecer, em norma local, as condições necessárias para enquadramento e qualificação dos dependentes.

O dispositivo supramencionado, constante de ato administrativo editado pelo Ministério da Previdência Social, exacerba, conforme já mencionado, o poder orientador e supervisor lhe fora concedido pela Lei.

Isto porque supervisionar tem o sentido de dirigir, orientar ou inspecionar em plano superior, enquanto que orientar significa dirigir, encaminhar ou guiar.[8]

Como se vê, nenhuma das duas expressões tem significado de caráter restritivo ou limitador.

---

(8) HOLANDA, Aurélio Buarque de. *Novo dicionário Aurélio da língua portuguesa*. 3. ed. São Paulo: Positivo.

Na verdade, a legislação federal tem o condão de erigir o Ministério da Previdência à condição de facilitador e fiscalizador do cumprimento das normas federais e dos preceitos que regem o sistema previdenciário brasileiro e não à de limitador da autonomia dos demais Entes Federados.

O regime federativo implantado no Estado brasileiro pela Constituição Federal de 1988 concedeu aos Entes Federados autonomia governamental, administrativa e organizacional, para tanto estabeleceu no art. 18:

> A organização político-administrativa da República Federativa do Brasil compreende a União, os Estados, o Distrito Federal e os Municípios, todos autônomos, nos termos desta Constituição.

Pois bem, autonomia é a capacidade de desenvolver atividades dentro de limites previamente circunscritos pelo ente soberano. Assim sendo, a autonomia nos traduz a ideia de algo limitado e condicionado pelo ente soberano. Mas, visto o conceito teórico, o que cabe ainda é uma pergunta sobre o que seria autonomia na prática. Ou seja, como podemos vislumbrar essa capacidade (conferida pelo ente soberano) de desenvolver atividade? Sem dúvida, na prática, a autonomia se subdivide em uma tríplice capacidade, ou seja, para afirmarmos que um ente é realmente dotado de autonomia, o mesmo (em nosso federalismo) deve ser dotado de uma tríplice capacidade. Portanto, o mesmo deve ser acometido de uma auto-organização (ou normatização própria), de um autogoverno e de uma autoadministração para o exercício de suas atividades.[9]

A autonomia dos Entes Federados para legislar acerca dos temas referentes à sua organização encontra limites apenas nos ditames constitucionais, conforme apregoa o art. 25 da Carta Magna.

No caso específico da Previdência, o texto constitucional estabeleceu a competência concorrente entre os Entes Federados para legislar sobre o tema, cabendo, portanto, à União traçar apenas as normas de caráter geral.

E esse foi o objetivo da Lei n. 9.717/1998 ao estabelecer que o Ministério da Previdência atuará como órgão de orientação e supervisão. Em momento algum o texto normativo demonstra qualquer intenção do legislador em conceder poder restritivo ao dito Ministério.

Então, utilizar-se de ato administrativo de natureza normativa, editado com base no poder concedido pelo art. 9º da Lei n. 9.717/1998, para tolher aos demais Entes Federados o direito de definir seu rol de beneficiários de pensão afronta a autonomia legislativa que foi concedida aos Estados, ao Distrito Federal e aos Municípios pela Constituição Federal.

---

(9) FERNANDES, Bernardo Gonçalves. *Curso de direito constitucional*. 2. ed. Rio de Janeiro: Lumen Juris, p. 541.

Além disso, a Orientação Normativa em questão encontra-se eivada de ilegalidade, já que se constitui, conforme mencionado, em ato administrativo de caráter normativo.

Atos administrativos normativos são aqueles que contêm um comando geral do Executivo, visando à correta aplicação da lei. O objetivo imediato de tais atos é explicar a norma legal a ser observada pela Administração e pelos administrados.[10]

Na condição de ato normativo, a Orientação tem o condão de explicar a Lei, encontrando-se adstrita aos seus limites, pois esta alicerça sua edição.

A Lei n. 9.717/1998 outorgou ao Órgão Previdenciário de cúpula o papel de agir como fiscalizador e orientador do sistema previdenciário brasileiro e não como limitador da ação estatal dos demais Entes.

Portanto, ao estabelecer restrição aos Entes Federados para definir o rol de beneficiários de pensão por morte, a dita Orientação contrariou os ditames legais autorizadores de sua edição.

Não restando outra alternativa senão concluir que o § 2º do art. 51 da Orientação Normativa SPS n. 2, de 31 de março de 2009, afronta a autonomia concedida aos Entes Federados pela Carta Maior e está revestido de ilegalidade, já que exacerba os ditames da Lei n. 9.717/1998 fundamentadores de sua edição.

Diante do até aqui exposto, constata-se que a concessão de pensão por morte pressupõe a comprovação do óbito do segurado, a existência de relação jurídica entre este e o sistema previdenciário e o preenchimento dos requisitos previstos na lei para a sua concessão.

A pensão por morte é conceituada como um benefício de prestação continuada pago aos dependentes do segurado falecido.

## 1.1. Benefício de prestação continuada

Trata-se de prestação de pagamento continuado, substituidora da remuneração do segurado falecido. Em face disso, considera-se direito irrenunciável dos beneficiários que fazem jus a ela.[11]

A condição de benefício de prestação continuada consiste no fato de se tratar de valor pago periodicamente em favor dos dependentes do segurado falecido.

No caso das pensões por morte, tanto no Regime Geral quanto nos Regimes Próprios, a Lei, considerando a sua natureza alimentar, estabelece que essa periodicidade será mensal.

---

(10) MEIRELLES, Hely Lopes. *Direito administrativo brasileiro*. 26. ed. São Paulo: Malheiros, p. 170.
(11) LAZZARI, João Batista; CASTRO, Carlos Alberto Pereira de. *Manual de direito previdenciário*. 5. ed. São Paulo: LTr, p. 549.

A mensalização do pagamento encontra amparo na necessidade de os dependentes garantirem o seu próprio sustento, que restou comprometido em razão do óbito do segurado.

A natureza alimentar da pensão por morte impede que a mesma seja objeto de penhora, arresto e sequestro, tornando, ainda, o direito a seu pleito imprescritível.

Então, mesmo tendo decorrido muitos anos entre o óbito do segurado e o pleito de concessão da pensão por morte, o dependente fará jus ao benefício desde que preencha os requisitos previstos na Lei em vigor na data do falecimento.

Prova disso é o fato de que a Lei n. 8.213/1991 estabelece, no âmbito do RGPS, prazo decadencial apenas e tão somente para a revisão do ato de concessão, senão vejamos:

> Art. 103. É de dez anos o prazo de decadência de todo e qualquer direito ou ação do segurado ou beneficiário para a revisão do ato de concessão de benefício, a contar do dia primeiro do mês seguinte ao do recebimento da primeira prestação ou, quando for o caso, do dia em que tomar conhecimento da decisão indeferitória definitiva no âmbito administrativo.

Enquanto o parágrafo único do mesmo artigo estabelece que o direito a prestações pretéritas prescreve em cinco anos:

> Parágrafo único. Prescreve em cinco anos, a contar da data em que deveriam ter sido pagas, toda e qualquer ação para haver prestações vencidas ou quaisquer restituições ou diferenças devidas pela Previdência Social, salvo o direito dos menores, incapazes e ausentes, na forma do Código Civil.

Portanto, o art. 103 da Lei n. 8.213/1991 dispõe que é de dez anos o prazo de decadência de todo e qualquer direito ou ação do segurado ou beneficiário para a revisão do ato de concessão do benefício, a contar do dia 1º do mês seguinte ao do recebimento da primeira prestação ou, quando for o caso, do dia em que tomar conhecimento de decisão indeferitória definitiva no âmbito administrativo. Passados os cinco anos, o ato de concessão do benefício não poderá mais ser revisto. Poderão ser reclamadas diferenças, observado o prazo de prescrição, mas não a revisão do benefício.[12]

A imprescritibilidade do benefício também é reconhecida no âmbito dos Regimes Próprios, já que as legislações dos Entes Federados estabelecem prazo prescricional apenas para as prestações pretéritas. Nesse sentido:

> ADMINISTRATIVO E PREVIDENCIÁRIO — RECURSO DE APELAÇÃO CÍVEL — RESTABELECIMENTO DE PENSÃO POR MORTE — PREJUDICIAL DE PRESCRIÇÃO — RELAÇÃO DE TRATO SUCESSIVO — NÃO OCORRÊNCIA DA PRESCRIÇÃO DO FUNDO DE DIREITO — APLICAÇÃO DA SÚMULA N. 85/STJ — HONORÁRIOS ADVOCATÍCIOS

---

(12) MARTINS, Sergio Pinto. *Direito da seguridade social*. 25. ed. São Paulo: Atlas, p. 454.

FIXADOS COM EQUIDADE — RECURSO PROVIDO EM PARTE — SENTENÇA PARCIALMENTE RETIFICADA.

Em se tratando de demanda ajuizada em desfavor da Fazenda Pública Estadual, buscando o restabelecimento do benefício de pensão por morte, caracterizado como prestações de trato sucessivo, a prescrição incide tão somente sobre as prestações mensais, vencidas antes do quinquênio que antecede a propositura daquela ação. Não há, pois, que se falar, nestes casos judiciais, em prescrição de fundo do direito (Enunciado n. 85 da Súmula do STJ).

Nas causas em que for vencida a Fazenda Pública, os honorários advocatícios deverão ser fixados consoante aplicação equitativa do juiz, atendendo ao grau de zelo dos profissionais, o lugar da prestação do serviço, a natureza e a importância da causa, o trabalho realizado e o tempo exigido pelo serviço, em conformidade com os princípios da razoabilidade e da proporcionalidade.

REEXAME NECESSÁRIO — AÇÃO DE RESTABELECIMENTO DE BENEFÍCIO PREVIDEN-CIÁRIO — PENSÃO POR MORTE — PREJUDICIAL DE PRESCRIÇÃO — RELAÇÃO DE TRATO SUCESSIVO — NÃO OCORRÊNCIA DA PRESCRIÇÃO DO FUNDO DE DIREITO — BENEFÍCIO COM FUNDAMENTO LEGAL — LEI COMPLEMENTAR N. 4.491/1982 — AUSÊNCIA DE NEGATIVA EXPRESSA DA ADMINISTRAÇÃO — DEVER DE RESTABELECER — RECURSO PROVIDO EM PARTE — SENTENÇA PARCIALMENTE RETIFICADA.

Tratando-se de obrigação de trato sucessivo e não havendo manifestação expressa da Administração Pública negando o direito pleiteado, não ocorre a prescrição do fundo de direito, mas tão somente das parcelas anteriores ao quinquênio que precedeu a propositura da ação (Súmula n. 85 do STJ).

A legislação aplicável ao benefício de pensão por morte é aquela vigente à época do evento da morte.

Ainda que o cônjuge beneficiário tenha alterado seu estado civil, de viúvo(a) ao de casado(a), não havendo, nos autos, demonstração de que esse novo estado tenha representado melhoria na situação econômico-financeira do(a) beneficiário(a), não se impõe supressão do benefício, segundo entendimento deste Tribunal (aplicação da Súmula n. 7/STJ).[13]

Portanto, os dependentes do segurado falecido fazem jus ao benefício e ao recebimento dos valores mensais relativos aos últimos cinco anos, contados a partir da data de sua concessão.

## 1.2. Dependentes

Os dependentes são as pessoas que fazem jus ao recebimento de pensão por morte por figurarem no rol de beneficiários previstos em lei.

---

(13) TJMT. AP/RexNec n. 76.100. Capital. 4ª CC. Rel. Des. Clarice Claudino da Silva. J. 8.7.2010.

No âmbito do Regime Geral de Previdência Social, a Lei n. 8.213/1991, em seu art. 16, estabelece como dependentes o(a) cônjuge, o(a) companheiro(a), o(a) filho(a) não emancipado(a) de qualquer condição menor de 21 anos ou inválido, o irmão não emancipado, de qualquer condição, e menor de 21 anos ou inválido e os pais.

O mesmo dispositivo legal, em seu § 2º, equipara o enteado e o menor tutelado a filho para efeitos previdenciários.

Além dessa equiparação, a jurisprudência e o Instituto Nacional do Seguro Social, órgão gestor do Regime Geral, têm elastecido o conceito de dependentes, alcançando várias situações não previstas em lei, como no caso das uniões homoafetivas.

Já no âmbito do RPPS, compete a cada Ente Federado definir em Lei o rol de dependentes que fará jus ao recebimento do benefício de pensão por morte.

Tais elencos não fogem ao que estabelece o rol fixado para o Regime Geral, face ao que estabelece o § 2º do art. 51 da Orientação Normativa SPS n. 2, de 31 de março de 2009, cuja ilegalidade e inconstitucionalidade já restaram demonstradas.

Questão intrincada quanto à possibilidade de concessão das pensões por morte consiste na necessidade de prévia inscrição dos dependentes junto ao órgão gestor previdenciário.

Diversos diplomas legais estaduais e municipais, ao estabelecerem as regras para a concessão de benefícios aos dependentes dos segurados, exigem a prévia inscrição dos mesmos junto ao órgão gestor previdenciário, fixando, inclusive, que a ausência de inscrição implica o indeferimento do benefício.

A inscrição é mero ato formal que inicia a relação jurídica entre o segurado e o Regime Previdenciário.

A exigência de inscrição prévia para os dependentes não demonstra necessariamente a sua real situação perante o segurado, servindo muito mais à elaboração de cadastros confiáveis a serem utilizados na confecção de cálculos atuariais do que propriamente para o reconhecimento de tal qualidade.

Isto porque as relações sociais são dinâmicas e a realidade vivida pelo segurado hoje pode não ser a mesma por ocasião do seu óbito, em especial no que tange ao casamento.

Portanto, o rol de dependentes inscritos pode não representar a realidade fática vivida pelo segurado no momento de sua morte.

Além disso, as legislações, em regra, são claras ao fixar os critérios para o reconhecimento da dependência para efeitos de concessão de pensão.

É preciso mais do que apenas constar em rol de dependentes para o recebimento do benefício, cabendo à pessoa que o pleiteia comprovar que preenche as condições legalmente exigidas no momento em que se der o falecimento do segurado.

A jurisprudência pátria, corroborando o entendimento acerca da desnecessidade de inscrição prévia, assim se manifesta:

> DIREITO ADMINISTRATIVO. PENSÃO POR MORTE. LEI N. 8.112/1990. MENOR MANTIDO SOB A GUARDA DE FATO DO AVÔ MATERNO. INEXISTÊNCIA DE DESIGNAÇÃO EXPRESSA. EXIGÊNCIA SUPRIDA POR OUTROS MEIOS DE PROVA. DEPENDÊNCIA COMPROVADA.
>
> I – A prova oral e documental produzida sobre o crivo do contraditório demonstram que o apelado realmente era criado pelo falecido avô e como óbvio vivia sob a sua dependência econômica.
>
> II – Embora ausente a designação expressa da condição de dependente do servidor falecido, mencionada no art. 217 da Lei n. 8.112/1990, tal exigência pode ser suprida por outros meios de prova. Precedente jurisprudencial.
>
> III – Recurso improvido. Unânime.[14]

> PENSÃO. Policial militar. Genitores. Lei n. 452/1974, art. 8º, VI. 1. Cerceamento de defesa. O Julgamento antecipado da lide e o indeferimento de provas inúteis, desnecessárias ou não requeridas oportunamente não cerceiam a defesa, nos termos dos arts. 130 e 330 do CPC. 2. Pensão. Pais. Dependência econômica. A inscrição dos pais como dependentes não é requisito para a concessão da pensão, que depende de demonstração da dependência econômica. Entende a jurisprudência que a dependência do auxílio relevante, permanente e necessário do filho que reside com os pais, ainda que parcial, é suficiente para configurar a dependência econômica mencionada no art. 8º, VI, da Lei n. 452/1974. 3. Pensão. Pais. Dependência econômica. O falecido policial militar, solteiro, faleceu com 38 anos de idade e residia com os pais; não os indicou como dependentes junto à corporação, mas assim os indicou na declaração de renda. A pequena aposentadoria dos autores e a longa convivência do filho solteiro denotam a contribuição substancial e frequente, ainda que parcial, para a manutenção e sustento da família. – Improcedência. Recurso dos autores provido.[15]

Já no âmbito do Regime Geral a inscrição dos dependentes para efeitos de concessão de pensão por morte é feita no momento em que é formulado o pleito de concessão do benefício, conforme estabelece o *caput* do art. 22 do Decreto n. 3.048/1999.

## 1.3. DEPENDÊNCIA ECONÔMICA

A pensão por morte destina-se àqueles que dependiam economicamente do segurado falecido, ou seja, pressupõe a existência de um vínculo financeiro entre o *de cujus* e o beneficiário.

---

(14) TJDFT. 20000110195768APC, Relator José Divino de Oliveira, 2ª Turma Cível, julgado em 29.9.2003, DJ 4.2.2004, p. 41.

(15) TJSP. 9074066-22.2005.8.26.0000 Apelação. Rel. Des. Torres de Carvalho. 10ª CC. J. 22.11.2010.

Na condição de benefício previdenciário que busca prover o sustento dos familiares do segurado, nos momentos de contingência social, a pensão por morte alcança, para efeitos de sua concessão, àqueles que tinham sua sobrevivência provida pelo falecido.

Além do vínculo financeiro, a legislação exige, também, em regra, uma relação familiar para que o benefício possa ser concedido.

Então, o beneficiário, para fazer jus à pensão por morte, precisa conjugar dois requisitos relacionados ao segurado falecido: integrar sua relação familiar e possuir com este vínculo financeiro.

Em determinadas situações a dependência econômica decorre simplesmente do fato de integrar o círculo familiar do falecido, enquanto em outras exige-se a sua comprovação efetiva.

Daí afirmar-se que esta dependência para efeitos de concessão de pensão por morte é sempre presumida, em algumas situações essa presunção é absoluta e em outras é relativa.

A presunção absoluta ocorrerá naqueles casos em que a Lei exigir para a concessão do benefício apenas a comprovação de que o pretenso beneficiário integra a entidade familiar do falecido, em uma das hipóteses de dependência definidas em Lei.

A presunção relativa, por sua vez, ocorre naqueles casos em que o futuro beneficiário precisará demonstrar, por força de exigência legal, além do vínculo familiar, que o *de cujus* contribuía efetivamente para seu sustento.

A presunção absoluta decorre principalmente da proximidade dos beneficiários com o segurado, assim, consideram-se absolutamente dependentes, principalmente, os filhos menores e o cônjuge ou companheiro. Nos demais casos de dependência, necessário se faz a comprovação de que o segurado falecido contribuía para a manutenção do beneficiário, daí sua presunção relativa.[16]

No âmbito do Regime Geral, a Lei n. 8.213/1991 enumera as hipóteses em que a dependência tem presunção absoluta (art. 16, I) e as em que esta é presumida (art. 16, II e III), enquanto no Regime Próprio cabe a cada Ente Federado essa definição legal.

É preciso destacar que o conceito de presunção absoluta, vem sofrendo ataques sob o argumento de que a tese da presunção absoluta de dependência econômica, não importa se para algumas ou para todas as pessoas, pode acarretar a transferência indevida de encargo ao Estado e o enriquecimento sem causa de interessado,

---

(16) MARTINS, Bruno Sá Freire. *Direito constitucional previdenciário do servidor público.* São Paulo: LTr, p. 65.

devendo, portanto, ser abandonada. Outra razão para rejeitá-la é que ela não resulta da melhor interpretação do inciso V do art. 201 da Constituição Federal. Finalmente, ela se mostra inaceitável por não se coadunar com a natureza da seguridade social.[17]

O Tribunal de Contas da União também coaduna com este entendimento, tanto que, nos Acórdãos 468/2006, 980/2006 e 1.985/2008, manifestou-se no sentido de que a presunção de dependência econômica é *juris tantum*, ou seja, admite prova em contrário.

A jurisprudência pátria já se manifestou no mesmo sentido, *in verbis*:

PREVIDENCIÁRIO. PENSÃO POR MORTE. ARTS. 16, 18, II, "a", 74 DA LEI N. 8.213/1991. INCOMPETÊNCIA ABSOLUTA. COMARCA DE PADRE BERNARDO. SUBSEÇÃO JUDICIÁRIA DE LUZIÂNIA. PROVA DOCUMENTAL. PROVA TESTEMUNHAL. COMPANHEIRA. DEPENDÊNCIA ECONÔMICA PRESUMIDA. REQUISITOS ATENDIDOS. CONCESSÃO DEVIDA.

I. Apesar de ilíquida a sentença, tendo em vista o curto período entre o ajuizamento da ação (17.3.2006) e a publicação da sentença (1º.8.2007) e considerando o valor mínimo do benefício previdenciário, fica evidenciada a impossibilidade de a condenação de 1º grau ultrapassar o valor de 60 (sessenta) salários mínimos, devendo, assim, ser aplicado *in casu* o disposto no art. 475, § 2º, do CPC.

II. "A criação de novas varas federais só põe fim à competência federal delegada para o juízo estadual que passou a deter sede de vara federal nos termos do art. 109, § 3º, da Constituição Federal. Tratando-se de ações de natureza previdenciária contra o INSS, pode, o segurado ou beneficiário, optar pelo ajuizamento perante o juízo estadual do seu domicílio ou do Juízo Federal que abranja a competência territorial daquela localidade. Precedentes (STF, RE 293.246/RS, DJ 2.4.2004; STF, RE-AgR 287.351/RS, DJ 22.3.2002; STF, RE 285.936/RS, DJ 29.6.2001; STJ, CC 66.322/SP, DJ 26.3.2007; TRF 1ª Região, CC 2006.01.00.012384-2/GO, DJ 21.7.2006; AC 2006.01.99.017088-9/GO, DJ 18.9.2006)" Precedente.

III. Segundo a orientação jurisprudencial do Superior Tribunal de Justiça e desta Corte, deve-se aplicar, para a concessão do benefício de pensão por morte, a legislação vigente ao tempo do óbito do instituidor. Precedentes.

IV. A união estável entre a Autora e o *de cujus* restou comprovada pela certidão de óbito, certidão de nascimento de filho em comum e pelos depoimentos testemunhais. Precedente.

---

(17) MORAIS, Michel Martins de. Presunção de dependência econômica na pensão por morte. Uma análise da jurisprudência. *Jus Navigandi*, Teresina, ano 15, n. 2570, 15 jul. 2010. Disponível em: <http://jus.uol.com.br/revista/texto/16981> Acesso em: 3.4.2011.

V. A dependência econômica do cônjuge, da companheira, do companheiro e do filho não emancipado, de qualquer condição, menor de 21 (vinte e um) anos ou inválido é presumida, conquanto cabível prova em contrário.

VI. A jurisprudência do STJ admite que a comprovação da condição de rurícola seja feita com base em dados do registro civil, como em certidão de casamento ou de nascimento dos filhos e, ainda, em assentos de óbito, no caso de pensão, em suma, por meio de quaisquer documentos que contenham fé pública.

VII. A Autora faz jus ao benefício de pensão por morte, previsto nos arts. 18, II, "a" e 74 e incisos da Lei n. 8.213/1991, porquanto as provas testemunhais e documentais produzidas nos autos foram suficientes para demonstrar a condição de rurícola do *de cujus* e a dependência econômica da requerente.

VIII. Preliminar de incompetência absoluta rejeitada; Remessa oficial de que não se conhece; Apelação a que se nega provimento.[18]

Contudo, tal posicionamento ainda é isolado, já que predominam nos Tribunais brasileiros as decisões que reconhecem a presunção absoluta de dependência econômica nos casos de cônjuge, companheiro e filhos, senão vejamos:

PREVIDENCIÁRIO — AGRAVO INTERNO EM APELAÇÃO CÍVEL — CONCESSÃO DE PENSÃO POR MORTE — VIÚVA E FILHO MENOR — COMPROVAÇÃO DA DEPENDÊNCIA — HONORÁRIOS.

I — Para ser deferida a pensão por morte é necessário o preenchimento de seus pressupostos básicos, ou seja, quando verificadas as condições de segurado do falecido instituidor do benefício e de dependente da pessoa que o requer;

II — A condição de segurado especial do falecido instituidor, a qual não foi contestada pelo INSS, restou suficientemente provada pelos documentos acostados aos autos;

III — Os Autores comprovaram as suas condições de esposa legítima e de filho menor do *de cujus*, com a apresentação das certidões de fls. 24 e 26, circunstância que lhes confere a qualidade de dependentes para fins previdenciários. Cumpre salientar que, de acordo com o disposto no § 4º do art. 16 da Lei n. 8.213/1991, a presunção da dependência econômica da esposa e do filho menor de 21 anos é absoluta e, assim sendo, inexigível a apresentação de quaisquer outras provas para a sua efetiva comprovação;

IV — No que toca aos honorários de sucumbência, em princípio, para que se proceda à modificação do percentual fixado na sentença, é necessária a demonstração, no caso concreto, de que o valor arbitrado ficou muito além ou muito aquém do devido, evidenciando-se exorbitante ou irrisório, segundo os parâmetros estabelecidos no

---

(18) TRF 1ª AC 200801990075173, Relator Des. Marcos Augusto de Souza, 1ª Turma, julgado em 3.11.2010, e-DJF1 data: 8.2.2011, p. 28.

art. 20 e §§ 3º e 4º do CPC. No caso em tela, não se justifica a modificação dos honorários sucumbenciais, fixados pela r. sentença em R$ 3.000,00 (três mil reais), valor arbitrado que é razoável, está dentro dos limites da lei, e é condizente com as peculiaridades da causa.

V — Agravo Interno desprovido.[19]

Na mesma toada segue a legislação federal, ao disciplinar o rol de dependentes no âmbito do Regime Geral de Previdência Social, já que manteve a presunção absoluta de dependência econômica, ao estabelecer no § 4º da Lei n. 8.213/1991 que:

> A dependência econômica das pessoas indicadas no inciso I é presumida e a das demais deve ser comprovada.

Sendo acompanhada pelos Regimes Próprios de Previdência Social, que, em regra, enumeram os dependentes que não precisam demonstrar que o *de cujus* contribuía decisivamente para sua sobrevivência.

## 1.4. SEGURADO FALECIDO

A pensão, conforme já exaustivamente afirmado, tem como objetivo primordial garantir a sobrevivência das pessoas que se utilizavam do auxílio econômico de um segurado quando este se encontrava vivo.

Daí um de seus principais requisitos se constituir no passamento deste segurado, impedindo-se, assim, a continuidade do auxílio anteriormente prestado.

A morte é o fim da vida humana constatando-se: perda da consciência, da sensibilidade da motilidade, parada da circulação e da respiração e cessação da atividade cerebral.[20]

Com o término da existência da pessoa humana, inicia-se o dever do sistema previdenciário de garantir o sustento daqueles que dependiam economicamente do *de cujus* para sobreviver. Em razão disso, o art. 74 da Lei n. 8.213/1991 estabelece como marco inicial do direito à pensão, em regra, o dia da morte do segurado.

Além disso, a legislação pátria prevê a possibilidade de que o desaparecimento de uma pessoa em condições que façam presumir a ocorrência de seu óbito leve ao reconhecimento de sua morte presumida.

A morte presumida é a declaração por lei, por presunção, em caso de ausência de uma pessoa, produzindo efeitos patrimoniais e sucessórios.[21]

---

(19) TRF 2ª APELRE 200850010089579, Relator Des. Aluísio Gonçalves de Castro Mendes. 1ª Turma Especializada, julgado em 3.11.2010, e-DJF2 data: 25.5.2010, p. 148-149.
(20) DINIZ, Maria Helena. *Dicionário jurídico*. São Paulo: Saraiva. v. 3, p. 313.
(21) *Ibidem*, p. 312.

Nestes casos também será reconhecido o direito à pensão por morte por parte dos dependentes econômicos do segurado.

Por fim, é importante destacar que as pensões distinguem-se, quanto à natureza, em vitalícias (compostas de cotas ou cotas permanentes, que somente se extinguem ou revertem com a morte de seus beneficiários) ou temporárias (compostas de cota ou cotas que podem se extinguir ou reverter por motivo de morte, cessação de invalidez ou maioridade do beneficiário).[22]

---

[22] BRIGUET, Magadar Rosália Costa; VICTORINO, Maria Cristina Lopes; HORVATH JÚNIOR, Miguel. *Previdência social* — aspectos práticos e doutrinários dos regimes jurídicos próprios. São Paulo: Atlas, p. 212.

# Capítulo II

# *Evolução Histórica*

A Constituição brasileira editada em 1824 previu a existência dos chamados socorros públicos, consistentes em uma assistência às populações carentes, surgindo aí um embrião dos deveres estatais e sociais para com os cidadãos menos abastados.

Os primeiros contornos alusivos ao sistema de Seguridade Social surgem na Alemanha no período compreendido entre 1883 e 1911, quando o parlamento começa a editar diversos diplomas legais que inserem no ordenamento jurídico daquele País as doutrinas apregoadas por Otto Von Bismarck.

Mais tarde, no início da década de quarenta, na Inglaterra, nasce um sistema de proteção amparando o cidadão desde o seu nascimento até a sua morte, baseado nos pilares assistência social, saúde e previdência social.

As pensões por morte passam a existir legalmente, no Brasil, em 1793, quando se institui um plano de proteção dos oficiais da Marinha concedendo pensão às viúvas e aos filhos dependentes do militar falecido, plano este estendido para a Marinha de Guerra em 1795 e para o Exército em 1827.

Em 1835 é criado o Mongeral, consistente, à época, em um programa de amparo para socorrer os funcionários do Ministério da Economia, abrangendo o pessoal do Estado de um modo geral.

No ano de 1888, foi criada uma Caixa de Socorros em cada uma das Estradas de Ferro do Império. Ainda nos fins do século XIX, foram instituídos o Fundo de Pensões do Pessoal das Oficinas da Imprensa, a aposentadoria para os empregados da Estrada de Ferro Central do Brasil, posteriormente estendida a todos os ferroviários do Estado, o Montepio Obrigatório dos Empregados do Ministério da Fazenda e a aposentadoria por invalidez e pensão por morte para os operários do Arsenal da Marinha do Rio de Janeiro e seus dependentes.[23]

Já no século XX, mais especialmente em 1923, a Lei Elói Chaves (Decreto n. 4.682, de 24 de janeiro de 1923), reconhecida como marco inicial da Previdência Social, na forma pela qual ela é conhecida hoje, trouxe diversos artigos regulando a concessão de pensão por morte aos empregados das Empresas de Estradas de Ferro.

Acerca de tão importante diploma legal, é possível destacar que o art. 9º estabeleceu, em seu inciso I, que os empregados ferroviários que contribuíram para os fundos da Caixa teriam direito à pensão para seus herdeiros em caso de morte.

Os arts. 26 e 27 elencam como beneficiários da pensão por morte a viúva, o viúvo inválido, os filhos, os pais e as irmãs solteiras. Mais à frente, no art. 30, veda o acúmulo de duas ou mais pensões.

E finalmente, no art. 33, assim dispõe:

Art. 33. Extingue-se o direito à pensão:

1. para a viúva ou viúvo, ou Paes quando contraírem novas núpcias;

2. para os filhos desde que completarem 18 anos;

3. para as filhas ou irmãs solteiras, desde que contraírem matrimônio;

4. em caso de vida desonesta ou vagabundagem do pensionista.

Parágrafo único. Não tem direito à pensão a viúva que se achar divorciada ao tempo do falecimento.

Qualquer semelhança com algumas realidades que encontramos hoje nos diversos diplomas legais que regulam o benefício de pensão por morte no âmbito dos dois Regimes Previdenciários básicos não é mera coincidência.

A década de trinta do mesmo século marca o surgimento de diversos Institutos de Aposentadorias e Pensões, tais como o Instituto de Aposentadorias e Pensões dos Marítimos (Decreto n. 22.872/1933) e o Instituto de Aposentadorias e Pensões dos Comerciários (Decreto n. 24.272/1933).

A Constituição de 1946 estabelecia dentre os preceitos a serem observados pelas legislações previdenciária e trabalhista: a previdência, mediante contribuição da União, do empregador e do empregado, em favor da maternidade e contra as consequências da doença, da velhice, da invalidez e da morte (art. 157, XVI).

---

(23) PINHEIRO, Vinícius Carvalho; SILVA, Delúbio Gomes Pereira; GUIMARÃES, Mônica Cabanas et al. *80 anos da previdência social:* a história da previdência social no Brasil — um levantamento bibliográfico documental e iconográfico. Ministério da Previdência Social, 2002. p. 16.

Posteriormente, a Lei n. 3.807/1960, nos arts. 36 a 42, tratou do benefício. O art. 36 rezava que a pensão era garantida aos dependentes do segurado, aposentado ou não, que falecesse após haver realizado 12 contribuições mensais.[24]

O texto constitucional de 1967 falou em previdência em casos de morte, expressão reproduzida pela Emenda Constitucional promulgada em 1969.

## 2.1. A CONSTITUIÇÃO FEDERAL DE 1988

Até que aportamos na atual Carta Magna, editada em 1988, com o claro intuito de promover a redemocratização do País e inserir no contexto dos direitos fundamentais uma série de temas relacionados aos direitos do cidadão.

Exemplo desta inserção consiste na edição de um Capítulo específico sobre a Seguridade Social, trazendo em seu texto os aspectos gerais relativos a seus ramos.

No que tange especificamente ao benefício de pensão por morte, é possível destacar que o texto maior originário, em seu art. 201, limitou-se a fazer alusão a este como um benefício a ser concedido pelo Regime Geral de Previdência Social, o que foi reproduzido na alteração redacional promovida pela Emenda Constitucional n. 20/1998.

Cabendo, então, à legislação ordinária dar os contornos exatos do benefício, o que foi feito por intermédio da Lei n. 8.213/1991 e suas sucessivas alterações, posteriormente regulamentada pelo Decreto n. 3.048/1999, também objeto de diversas alterações.

Do mesmo modo, a pensão por morte destinada aos dependentes dos servidores públicos, regulada pelos arts. 40 e 42 da Constituição Federal, foi objeto de inúmeras modificações.

Inicialmente o texto constitucional previa a integralidade do benefício até os limites fixados em Lei e a possibilidade de extensão dos aumentos concedidos aos ativos para os pensionistas (art. 40, §§ 4º e 5º c/c art. 42, § 10, ambos na redação original da Constituição Federal).

A primeira impressão deixada pelo dispositivo é a de que ficaria ao critério do legislador infraconstitucional a definição do valor dos proventos decorrentes da pensão por morte, limitando-se sempre à totalidade dos proventos ou dos vencimentos do servidor falecido.[25]

Entretanto, o Supremo Tribunal Federal manifestou entendimento diverso afirmando que os proventos de pensão deveriam corresponder efetivamente à

---

(24) MARTINS, Sergio Pinto. *Direito da seguridade social*. 27. ed. São Paulo: Atlas, p. 362.
(25) MARTINS, Bruno Sá Freire. *Direito constitucional previdenciário do servidor público*. São Paulo: LTr, p. 68.

totalidade da remuneração do falecido, não sendo permitido ao legislador ordinário a redução de tais valores, senão vejamos:

> Pensão. Limite. A norma inserta na Carta Federal sobre o cálculo de pensão, levando-se em conta a totalidade dos vencimentos ou proventos do servidor falecido, tem aplicação imediata, não dependendo, assim, de regulamentação. A expressão "até o limite estabelecido em lei", do § 5º do art. 40 do Diploma Maior, refere-se aos tetos também impostos aos proventos e vencimentos dos servidores. Longe está de revelar permissão a que o legislador ordinário limite o valor da pensão a ser percebida. Precedente; Agravo Regimental no Mandado de Injunção n. 274-6/DF, cujo acórdão foi publicado em 3.12.1993. Agravo. Art. 557, § 2º, do Código de Processo Civil. Multa. Se o agravo é manifestamente infundado, impõe-se a aplicação da multa prevista no § 2º do art. 557 do Código de Processo Civil, arcando a parte com o ônus decorrente da litigância de má-fé.[26]

Com o advento da reforma promovida pela Emenda Constitucional n. 20, de 16 de dezembro de 1998, estabeleceu-se que as pensões por morte dos civis teriam seu regramento disciplinado por Lei.

No que tangia ao cálculo das pensões por morte, o texto maior fixou claramente que os valores destinados aos dependentes seriam correspondentes aos proventos de aposentadoria no caso de o falecido ser aposentado ou correspondentes aos possíveis proventos de aposentadoria a que faria jus o *de cujus* caso o óbito ocorresse com este em atividade, sempre limitados à última remuneração do servidor falecido.

Portanto, caberia à legislação infraconstitucional definir apenas os requisitos e critérios para a concessão do benefício, sua forma de extinção e modo pelo qual se daria a divisão entre os beneficiários.

Entretanto, a então Secretaria de Estado da Administração e do Patrimônio da União transformou o dispositivo constitucional em norma de eficácia limitada ao estabelecer no *caput* do art. 21 da Instrução Normativa n. 5, de 28 de abril de 1999, que:

> Até que produza efeito a lei que irá dispor sobre a concessão da pensão por morte, esta será, por ocasião da sua concessão, igual ao valor da remuneração do servidor falecido ou ao valor dos proventos da aposentadoria.

A redação constitucional foi clara ao definir a forma pela qual calcular-se-iam os proventos de pensão por morte após o advento da reforma promovida em 1998, não se exigindo qualquer regulamentação legal acerca do tema, como orientou a referida Secretaria.

Esta interpretação administrativa, apesar de equivocada, fez com que diversos Regimes Próprios de Previdência Social passassem a esperar a edição de uma nova

---

(26) STF. AgR no AI 262.841-2/SP. Rel. Min. Marco Aurélio, DJ 10.9.2004.

legislação estadual ou municipal com o objetivo de adequar seu ordenamento jurídico à nova forma de cálculo.

Para piorar a situação, os Tribunais Pátrios reconheceram a autoaplicabilidade do dispositivo, mas reafirmaram a integralidade dos proventos de pensão, mesmo nos casos em que o falecimento ocorresse quando o servidor ainda se encontrava em atividade, senão vejamos:

> SERVIDOR PÚBLICO — PENSÃO POR MORTE — ART. 40, § 5º, CF — EMENDA CONSTITUCIONAL N. 20/1998 — ART. 40, § 7º, CF — AUTOAPLICABILIDADE.
>
> O dispositivo constante do art. 40, § 7º, da CF, com a redação dada pela Emenda n. 20/1998, é autoaplicável. Inteligência dos arts. 37, XI; 40, §§ 2º, 3º e 7º; e art. 195, § 5º, da Constituição Federal.[27]

> MANDADO DE SEGURANÇA — PENSÃO POR MORTE — EMENDA CONSTITUCIONAL N. 20/1998 — *JUS NOVUM* — APLICABILIDADE DO ART. 462 DO CPC. Ocorrendo superveniência de norma legal que importe alteração do direito proclamado, deve ela ser tomada em consideração quando do julgamento do pedido, mesmo de ofício, porquanto o *meritum causae* tem de ser decidido como se apresenta por ocasião do encerramento de sua discussão. PENSÃO POR MORTE — TOTALIDADE DA REMUNERAÇÃO DO SERVIDOR FALECIDO — DICÇÃO DOS ARTS. 40, §§ 3º e 7º, DA CF E 159 DA CE – AUTOAPLICABILIDADE. As normas Constitucionais acerca do cálculo de pensão tem aplicação imediata, não dependendo de regulamentação. Assim, a pensão por morte terá valor igual à totalidade da remuneração do servidor falecido, correspondente à soma das parcelas que lhe são devidas a título de vencimentos e de vantagens pecuniárias, conforme os §§ 3º e 7º do art. 40 da Constituição Federal, com a redação da Emenda Constitucional n. 20, de 15.12.1998. CONSTITUCIONAL — PENSIONISTAS — TETO SALARIAL — VERBAS DE NATUREZA PESSOAL — REDUÇÃO OU SUPRESSÃO — IMPOSSIBILIDADE. Para efeitos de cálculo do teto remuneratório constitucional não se computam as vantagens de caráter pessoal do servidor falecido, o que garante a percepção destas verbas pelas pensionistas, ainda que supere o limite máximo fixado. PENSÃO INTEGRAL — FONTE DE CUSTEIO. "O disposto no § 5º do art. 195 da Constituição Federal não constitui óbice à sua incidência, vez que é dirigido ao legislador ordinário, tão somente no que vincula à criação, majoração ou extensão de benefício ou serviço da seguridade social à correspondente fonte de custeio" (STF).[28]

Tal posicionamento foi ratificado pelo Supremo Tribunal Federal, de forma categórica:

> EMENTA: CONSTITUCIONAL. PENSÃO POR MORTE. AGRAVO REGIMENTAL NO AGRAVO DE INSTRUMENTO. ART. 40, § 5º, CF. AUTOAPLICABILIDADE. PENSÃO POR MORTE. INTEGRALIDADE. IMPUGNAÇÃO DOS FUNDAMENTOS DA DECISÃO AGRAVADA. AUSÊNCIA. SÚMULA N. 287 DO STF AGRAVO IMPROVIDO. I — O valor

---

(27) TJMG. Proc. n. 1962349 MG 1.0000.00.196234-9/000. Rel. Des. Páris Peixoto, j. 3.10.2000 DO 6.10.2000.
(28) TJSC. MS 159078 SC 1999.015907-8. 1ª C. Dir. Com. Rel. Des. Eder Graf. J. 21.12.1999.

pago a título de pensão, no caso, deve corresponder à integralidade dos vencimentos ou proventos que o servidor falecido recebia, uma vez que autoaplicável o art. 40, § 5º (atual § 7º), da Constituição Federal. II — Agravo regimental improvido.[29]

O entendimento administrativo exarado pela União aliado à jurisprudência dos Tribunais avalizada pela Maior Corte do País levou o texto constitucional a tornar-se letra morta.

Além disso, a Emenda Constitucional n. 20/1998 estabeleceu que as pensões também seriam alcançadas pela chamada paridade entre proventos de inatividade e remuneração dos ativos.

Com a paridade, os benefícios de aposentadoria e pensão são reajustados da mesma forma que seriam reajustados se o servidor estivesse na ativa. Ou seja, todo aumento que o servidor ativo da mesma carreira que o aposentado receber, será repassado ao aposentado e ao pensionista.[30]

Para a concessão de pensão por morte aos dependentes dos militares, a reforma promovida em 1998 impôs a observância das regras previstas constitucionalmente para os dependentes dos servidores civis, levando aos mesmos problemas enumerados acima.

Em 2003, nova mudança constitucional é promovida no sistema previdenciário brasileiro, atingindo de forma bastante incisiva os Regimes Próprios.

E como não poderia ser diferente, as pensões foram novamente objeto de modificação, especialmente quanto à forma de cálculo dos proventos, passando o § 7º, do art. 40, a vigorar com a seguinte redação:

§ 7º Lei disporá sobre a concessão do benefício de pensão por morte, que será igual:

I — ao valor da totalidade dos proventos do servidor falecido, até o limite máximo estabelecido para os benefícios do regime geral de previdência social de que trata o art. 201, acrescido de setenta por cento da parcela excedente a este limite, caso aposentado à data do óbito; ou

II — ao valor da totalidade da remuneração do servidor no cargo efetivo em que se deu o falecimento, até o limite máximo estabelecido para os benefícios do regime geral de previdência social de que trata o art. 201, acrescido de setenta por cento da parcela excedente a este limite, caso em atividade na data do óbito.

A partir de agora, o cálculo das pensões por morte toma por base para sua definição os valores máximos de salário de benefício pagos no Regime Geral de Previdência Social.

---

(29) STF. AI 645327 AgR/SC. 1ª T. Rel. Min. Ricardo Lewandoswski. J. 30.6.2009 DO 21.8.2009.
(30) SPECHOTO, Karina. *Dos regimes próprios de previdência social*. São Paulo: LTr, p. 124.

Naqueles casos em que a remuneração ou os proventos recebidos em vida pelo servidor sejam inferiores ao limite máximo do salário de benefício pago pelo INSS, os proventos de pensão serão integrais.

De outra monta, quando estes superarem tal limite o valor excedente será reduzido em 30% (trinta por cento), ou seja, o valor será integral até o limite e do excedente será paga somente a importância correspondente a 70% (setenta por cento).

O limite máximo do salário de benefício do Regime Geral a ser utilizado para a definição dos proventos destinados aos dependentes do *de cujus* será aquele vigente na data do óbito do servidor.

Aqui, também, buscou-se definir o dispositivo em questão como norma de eficácia limitada, ou seja, a nova forma de cálculo dos proventos de pensão somente seria implementada após a edição de legislação específica sobre o tema.

Mas, desta feita, foi editada a Medida Provisória n. 167, de 19 de fevereiro de 2004, posteriormente convertida na Lei n. 10.887, de 18 de junho de 2004, que se limitou a reproduzir o texto constitucional sobre o cálculo das pensões, entretanto foi entendida como lei regulamentadora do dispositivo, permitindo, assim, que as pensões fossem calculadas, a partir de então, pela nova regra.

É preciso destacar, ainda, que a referida reforma afastou a possibilidade de existência de paridade entre os proventos de pensão e a remuneração dos servidores em atividade como regra geral de reajuste do valor dos benefícios.

Contudo, a reforma não atingiu diretamente os militares, já que o legislador constituinte reformador estabeleceu que as pensões decorrentes de óbitos de militares teriam seu regramento fixado em legislação específica de cada Ente Federado (art. 42, § 2º).

# Capítulo III

# *A Pensão por Morte no Mundo*

A Declaração Universal dos Direitos Humanos, em seu art. XXV, estabelece:

Art. XXV. Todo homem tem direito a um padrão de vida capaz de assegurar a si e à sua família saúde e bem-estar, inclusive alimentação, vestuário, habitação, cuidados médicos e os serviços sociais indispensáveis e direito à segurança em caso de desemprego, doença, invalidez, viuvez, velhice ou outros casos de perda dos meios de subsistência em circunstâncias fora de seu controle. A maternidade e a infância têm direito a cuidados e assistência especiais. Todas as crianças nascidas de matrimônio ou fora dele tem direito a igual proteção social.

Ainda que de forma indireta, o dispositivo supratranscrito representa as áreas de atuação da Seguridade Social. E vai mais além, definindo algumas situações consideradas como de riscos sociais que devem ser objeto de proteção estatal que vise ao ser humano.

E de forma taxativa enumera a viuvez como uma das hipóteses que exigem cuidados estatais em favor do cidadão mundial.

Aliando o preceito contido na Declaração Universal dos Direitos Humanos às orientações do Código do Seguro Social Alemão (Bismarck) e ao Plano Beveridge, a proteção securitária, e, consequentemente, previdenciária atinge todos os povos do mundo.

Mesmo influenciados pelas características culturais, os diversos ordenamentos jurídicos previdenciários existentes no planeta contemplam a figura da pensão por morte e, portanto, merecem uma análise acerca de sua aplicação.

## 3.1. EUROPA

Entre os principais Países europeus predomina como característica do benefício de pensão por morte a imposição de limites de caráter etário para a sua concessão às viúvas ou em razão da percepção de renda ou mesmo da existência de filhos.

Em algumas situações, fixa-se idade mínima para o recebimento do benefício pelas viúvas, como é o caso da Bélgica, onde a pensão por morte é paga somente se a beneficiária, não sendo incapaz, contar com mais de 45 (quarenta e cinco) anos.

Além dos requisitos voltados para as viúvas, também se exige, em alguns casos, a realização de um número mínimo de contribuições por parte do falecido, para que a pensão possa ser concedida aos ex-cônjuges ou aos filhos, como ocorre na Espanha, onde o benefício só é concedido caso o segurado falecido conte com pelo menos 15 anos de contribuição até o momento de sua morte, ou pelo menos 500 dias de contribuição nos últimos 5 anos, ou que seja aposentado.

Além disso, é comum na Europa que os proventos decorrentes da pensão por morte tenham valores inferiores aos recebidos pelo segurado em vida, como na Alemanha, onde o valor da pensão corresponde a 100% do valor da aposentadoria do falecido durante os três primeiros meses e, a partir de então, a 25% do valor se a pensionista tiver menos de 45 anos e 55% do valor se a pensionista tiver 45 anos ou mais.

## 3.2. ÁSIA

Na Ásia, a principal característica do benefício consiste na concessão de proventos em valores inferiores aos pagos em vida para o segurado a título de remuneração ou mesmo de aposentadoria.

No Japão para ter direito ao benefício de pensão por morte, é necessário contribuir durante 2/3 do período entre os 20 anos e a data da morte, ou ser aposentado. Os beneficiários incluem a viúva que vivia com o segurado/aposentado, com filhos deste na idade de até 18 anos (20 anos se não capaz para o trabalho).[31]

## 3.3. AMÉRICAS

Também nas Américas predomina a característica de proventos inferiores aos valores recebidos pelo segurado em vida, permitindo-se, inclusive, a fixação de

---

(31) TAFNER, Paulo. Simulando o desempenho do sistema previdenciário e seus efeitos sobre a pobreza sob mudanças nas regras de pensão e aposentadoria. *IPEA, Texto para Discussão n. 1.264*, Rio de Janeiro, mar. 2007.

percentuais diferenciados em razão da idade dos beneficiários, como no caso da Costa Rica, onde o valor da pensão varia com a idade da viúva: 50% do valor se tiver menos de 50 anos; 60% se mais de 50 anos e menos de 60 anos, e 70% se 60 anos ou mais (ou não capaz para o trabalho). Pais, irmãos e irmãs dependentes do instituidor podem receber 20% do valor da aposentadoria (cada), dependentes com mais de 55 anos recebem 60% do valor da aposentadoria (cada).[32]

Entretanto, no Chile não há limite de valor para os proventos pagos a título de pensão por morte. Nos Estados Unidos, a pensão cessa se a viúva ou esposa divorciada contrai novo matrimônio antes dos 60 (sessenta) anos.

A Argentina é um dos poucos Países que impõem uma espécie de carência para a concessão do benefício, na medida em que exige um mínimo de 30 contribuições mensais nos últimos três anos de vida do segurado e que a viúva ou companheira tenha vivido com o instituidor por pelo menos cinco anos ou dois anos se houver filho comum.

### 3.4. *África*

O continente africano é sem dúvida onde se encontram as populações mundiais mais carentes, em todos os aspectos. Não poderia ser diferente no aspecto previdenciário, daí a necessidade de um tratamento diferenciado no que tange à concessão destes benefícios.

Então, vários países que escolheram adoptar um tipo de regime de pensões, deram especial enfoque à universalidade. Na África do Sul o direito a uma pensão de base está submetido a um critério de recursos e as pensões são financiadas pelo imposto. Um sistema análogo existe na Namíbia e no Botsuana, mas nestes dois países a pensão de base é atribuída aos 60 anos e não está submetida à condição dos recursos. Os regimes gerais das Ilhas Maurícias e das Seychelles combinam elementos de universalidade e de seguro social com uma pensão de base atribuída a todos os residentes sem recursos, completada pelas cotizações ligadas aos ganhos pagos pelos empregadores e pelos trabalhadores.[33]

Portanto, na África prevalece o entendimento de que a universalidade se sobrepõe às características dos Regimes Previdenciários, permitindo-se, assim, amenizar os efeitos da pobreza naquele continente.

---

(32) TAFNER, Paulo. Simulando o desempenho do sistema previdenciário e seus efeitos sobre a pobreza sob mudanças nas regras de pensão e aposentadoria. *IPEA, Texto para Discussão n. 1.264*, Rio de Janeiro, mar. 2007.
(33) BUREAU INTERNACIONAL DO TRABALHO. *A extensão da cobertura de segurança social*. Serviços de Políticas e Desenvolvimento da Segurança Social. Genebra: Sector da Proteção Social.

## Capítulo IV

# *A Pensão no Regime Geral de Previdência Social*

### *4.1. Requisitos*

No âmbito do RGPS, a pensão por morte constitui-se em benefício pago mensalmente aos dependentes econômicos do segurado que tenha ido a óbito, considerando-se como dependentes aqueles elencados no art. 16 da Lei n. 8.213/1991.

Encontra fundamento legal no disposto no art. 201, V, da Constituição Federal e tem suas regras definidas nos arts. 74 a 79 da Lei n. 8.213/1991.

Visa fornecer à família do segurado, em caso de morte deste, a manutenção do rendimento, para que de um momento a outro não vejam como prover seu sustento ou tenham este substancialmente reduzido.[34]

Portanto, a concessão do benefício exige que o falecido possuísse a condição de segurado, tenha ido óbito, ainda que presumido, e a dependência econômica dos pretensos beneficiários da pensão, tudo conforme estabelece o art. 16 da Lei n. 8.213/1991.

O art. 17 do mesmo diploma legal estabelece que a inscrição como dependente será feita por ocasião do requerimento de pensão por morte.

Portanto, não se constitui em pressuposto para a concessão de pensão por morte a inscrição ou declaração do segurado em vida da condição de dependente da pessoa que preencha os requisitos de elegibilidade ao benefício.

---

(34) VIEIRA, Marcos André Ramos. *Manual de direito previdenciário*. 5. ed. Niterói: Impetus, p. 495.

## 4.2. CARÊNCIA

É o número mínimo de contribuições indispensável para que o beneficiário faça jus ao benefício.[35] Instituto afeto ao Regime Geral de Previdência Social, cujos prazos mínimos encontram-se previstos no art. 25 da Lei n. 8.213/1991, contudo o art. 26, inciso I, do mesmo diploma legal impõe a inexigibilidade de prazos de carência para a concessão de pensão por morte.

## 4.3. BENEFICIÁRIOS

Os beneficiários da pensão por morte encontram-se definidos no art. 16 da Lei n. 8.213/1991, com os acréscimos constantes do art. 76 do mesmo diploma legal.

É preciso destacar que os arts. 16 e 76, analisados de forma combinada, estabelecem três classes de beneficiários, sendo que a presença de beneficiários de uma classe exclui o direito ao benefício por parte dos integrantes das outras classes, assim distribuídas:

— primeira classe: cônjuges, companheiros, divorciados ou separados judicialmente com direito a alimentos, filhos, menor sob guarda, enteados, tutelados;

— segunda classe: pais;

— terceira classe: irmãos.

Além destes beneficiários, não se pode deixar de lado as questões relativas às uniões afetivas entre pessoas do mesmo sexo, que também permitem a concessão da pensão por morte.

Motivos estes que ensejam a análise pormenorizada de cada uma das hipóteses em que o dependente poderá vir a se habilitar à concessão da pensão por morte.

### A) CÔNJUGES E COMPANHEIROS(AS)

Cônjuge é a pessoa civilmente casada com o segurado falecido, fazendo jus à pensão independentemente do regime matrimonial escolhido, uma vez que a pensão por morte, ante a sua natureza previdenciária, não se constitui em direito de caráter matrimonial.

O casamento religioso, para que possa produzir efeitos também no âmbito previdenciário, precisa ser previamente convertido em casamento civil.

---

(35) TSUTIYA, Augusto Massayuki. *Curso de direito da seguridade social*. 2. ed. São Paulo: Saraiva, p. 242.

O cônjuge é dependente de primeira classe, sendo sua dependência econômica absolutamente presumida, ou seja, para que possa ter o benefício concedido em seu favor precisa apenas demonstrar que se encontrava casado(a) com o falecido(a) por ocasião do óbito.

A ausência do cônjuge não tem o condão de afastar o direito ao benefício, uma vez que não se encontra elencada nem na Lei n. 8.213/1991 e muito menos no Decreto n. 3.048/1999 (Regulamento da Previdência Social) como causa que afasta a condição de dependente ou mesmo a de beneficiário.

Pelo contrário, o art. 110 do Decreto n. 3.048/1999 estabelece que o cônjuge ausente fará jus ao benefício a partir de sua habilitação.

Já nas hipóteses em que o segurado se encontrava separado de fato por ocasião de seu óbito, afasta-se a presunção absoluta de dependência econômica.

Nesse sentido:

PROCESSUAL. PREVIDENCIÁRIO. PENSÃO POR MORTE DE CÔNJUGE. REQUERIMENTO ADMINISTRATIVO INDEFERIDO. EXTINÇÃO DO PROCESSO. INDEFERIMENTO DA INICIAL. SENTENÇA NULA. SEPARAÇÃO DE FATO. PERDA DA PRESUNÇÃO DE DEPENDÊNCIA ECONÔMICA. INTERESE DE AGIR. CONFIGURAÇÃO. NECESSIDADE DE PROVAR OS REQUISITOS PARA CONCESSÃO DO BENEFÍCIO PLEITEADO. DIREITO DE ACESSO AO JUDICIÁRIO INDEPENDENTEMENTE DO DIREITO À PRETENSÃO FORMULADA. RECURSO PROVIDO. RETORNO DOS AUTOS AO JUÍZO DE ORIGEM.

1 — A Recorrente somente 22 anos após ter sido abandonada por seu marido, teve ciência do seu falecimento. Requereu junto ao INSS o benefício de Pensão por Morte, o qual foi indeferido, por falta de qualidade de dependente.

2 — Em Juízo, teve seu processo extinto por indeferimento da inicial, sob a alegação de falta de interesse de agir, configurada pelos vários anos em que se manteve separada de fato do *de cujus*.

3 — Segundo a jurisprudência, a separação de fato ocasiona a perda da presunção de dependência econômica daqueles descritos no inciso I, do art. 16 da Lei n. 8.213/1991. O interesse de agir da Requerente é legítimo, dada a necessidade de comprovação da dependência econômica, que ainda persiste, mesmo após tantos anos, especialmente em razão da perda da força, da vitalidade, do vigor físico, com o passar do tempo. Precedentes.

4 — O direito de ação não se confunde com o direito à pretensão formulada. É livre o acesso ao Judiciário. O mérito do pedido somente poderá ser avaliado e julgado após regular tramitação do feito, com as garantias inerentes à devida instrução do feito.

5 — Recurso provido. Sentença que se anula, determinando-se o retorno dos autos ao Juízo de origem, para regular tramitação da ação.[36]

---

(36) TRF 4ª AC 2000.01.00.040738-4/MG. 1ª T. Rel. Des. Luiz Gonzaga Barbosa Moreira. J. 14.3.2007, DJ. 21.5.2007.

Assim, os separados de fato só farão jus ao benefício quando demonstrarem que se encontravam na mesma situação do cônjuge separado judicialmente ou divorciado com direito a alimentos para si, uma vez que a Instrução Normativa n. 45/2010, em seu art. 323, equipara-os, ainda que esta necessidade seja superveniente, conforme apregoa a Súmula n. 336 do Superior Tribunal de Justiça.

Nesse sentido:

PREVIDENCIÁRIO. PENSÃO POR MORTE. AÇÃO DECLARATÓRIA. EX-MULHER SEPARADA DE FATO SEM PERCEPÇÃO DE PENSÃO ALIMENTÍCIA. NECESSIDADE ECONÔMICA SUPERVENIENTE NÃO COMPROVADA. REMESSA OFICIAL, TIDA POR INTERPOSTA E APELAÇÃO PROVIDAS.

1. A apelada argumentou que era casada com instituidor, mas a prova produzida nos autos revela que a mesma estava separada de fato, sendo que o falecido já havia estabelecido união estável com nova companheira que, inclusive, passou a receber pensão por morte (NB 045.764.516-4).

2. Caberia à autora comprovar que estava recebendo pensão alimentícia do falecido, ou, mesmo que não percebesse alimentos, poderia demonstrar dependência econômica superveniente. Entretanto, compulsando detidamente os autos constata-se que, nada obstante tenha sido intimada para falar sobre a contestação (onde o INSS arguiu a questão da separação de fato e juntou documentos), bem como manifestar-se sobre interesse em produzir novas provas, quedou-se inteiramente silente, conforme evidenciam as certidões de fls. 72 usque 76.

3. Remessa Oficial, tida por interposta, e Apelação providas.[37]

O(a) companheiro(a) é aquele(a), que mantém união estável, consistindo esta na união entre homem e mulher, solteiros, separados judicialmente ou de fato, divorciados, viúvos ou que não mantenham outra união estável, configurada pela convivência pública, contínua, duradoura e com o objetivo de constituir família.

Além disso, o art. 18 da mesma Instrução Normativa INSS/PRES n. 45, de 6 de agosto de 2010, elenca uma série de hipóteses que não caracterizam a união estável, ensejadora da condição de dependente.

É preciso destacar que, nos termos do art. 1.727 do Código Civil, as relações não eventuais entre homens e mulheres impedidos de casar caracterizam concubinato.

Portanto, não existe a possibilidade de cônjuge e companheiro(a), na constância da respectiva relação afetiva, ratearem entre si pensão por morte em decorrência do óbito do segurado.

---

(37) TRF 1ª AC 2003.38.01.002548-9/MG. 1ª T. Suplementar. Rel. Des. Francisco Hélio Camelo Ferreira. E-DJF1 p. 166 de 13.7.2011.

## B) CÔNJUGE SEPARADO OU DIVORCIADO COM DIREITO A ALIMENTOS

A pensão por morte, como já exaustivamente afirmado, pressupõe a existência de dependência econômica por parte de alguém para com o segurado falecido.

O pagamento de alimentos em favor de ex-cônjuge pressupõe, nos termos da legislação civil, a existência de possibilidade de quem paga e principalmente a necessidade de quem vai receber esses valores.

Isso significa que o ex-cônjuge, ao ser beneficiado judicialmente com os alimentos, demonstra depender economicamente do ex-marido ou ex-esposa para manter o seu sustento.

Assim, nas hipóteses em que, por ocasião da dissolução do casamento, seja por separação, seja pelo divórcio, o segurado assumir a obrigação de alimentar o ex-cônjuge, estará presente a dependência econômica autorizativa da concessão do benefício.

A separação pode ser judicial ou simplesmente de fato, desde que, na segunda situação, o(a) segurado(a) contribua para o sustento do supérstite.

Daí o § 2º do art. 76 da Lei n. 8.213/1991 estabelecer:

> O cônjuge divorciado ou separado judicialmente ou de fato que recebia pensão de alimentos concorrerá em igualdade de condições com os dependentes referidos no inciso I do art. 16 desta Lei.

O parágrafo em questão eleva o separado ou divorciado que receba alimentos para si à condição de beneficiário de primeira classe, cuja dependência econômica tem presunção absoluta, permitindo-lhe concorrer ao benefício em igualdade de condições com o atual cônjuge, com o(a) atual companheiro(a) e com os filhos.

A Súmula n. 64 do TFR dizia que "a mulher que dispensou, no acordo de desquite, a prestação de alimentos, conserva, não obstante, o direito à pensão decorrente do óbito do marido, desde que comprovada a necessidade do benefício". Sobrevindo causa por meio de comprovado estado de necessidade por parte da ex--esposa, ainda que esta tenha renunciado à pensão alimentícia, faz jus ao benefício de pensão por parte do cônjuge falecido. Se a esposa está separada, deve comprovar que necessita do benefício após a morte do ex-marido, para ter direito à pensão, e não da dependência econômica em vida, até porque os alimentos são irrenunciáveis (art. 1.707 do Código Civil). A mulher que renunciou aos alimentos na separação judicial tem direito à pensão previdenciária por morte do ex-marido, comprovada a necessidade econômica superveniente (Súmula n. 336 do STJ).[38]

A Lei n. 8.213/1991 e o Decreto n. 3.048/99 omitiram-se acerca da possibilidade de concessão de pensão por morte ao(à) ex-companheiro(a) que recebia alimentos para si por ocasião do óbito do segurado.

---

(38) MARTINS, Sergio Pinto. *Direito da seguridade social.* 27. ed. São Paulo: Atlas, p. 365.

Entretanto, o dito Decreto, ao definir as circunstâncias que levam à perda da qualidade de dependente, estabeleceu que os(as) companheiros(as) perderão esta condição pela cessação da união estável, enquanto não lhes for garantida a prestação de alimentos.

A conclusão lógica a que se chega é a de que o Executivo Federal, ao exercer seu poder regulamentar em face das normas que regulam o Regime Geral de Previdência Social, igualou o tratamento entre ex-cônjuges e ex-companheiros.

A união estável foi elevada, pelo nosso ordenamento jurídico, ao mesmo nível do casamento, nos aspectos relacionados ao direito de família e sucessório. Portanto, não seria possível permitir tratamento diferenciado a situações idênticas, fato este que caracterizaria tratamento desigual ofensivo ao texto constitucional.

Nesse sentido é o entendimento dos Tribunais Pátrios, *in verbis*:

> PREVIDENCIÁRIO — PROCESSUAL CIVIL — PENSÃO POR MORTE — EX-COMPANHEIRAS — ALIMENTOS — CONDIÇÃO DE SEGURADO E DEPENDÊNCIA ECONÔMICA COMPROVADAS — DIVISÃO DA PENSÃO — ACORDO ENTRE BENEFICIÁRIOS DA PENSÃO — INOPONIBILIDADE À AUTARQUIA. TERMO INICIAL. HONORÁRIOS ADVOCATÍCIOS. I — Em matéria de pensão por morte, o princípio segundo o qual *tempus regit actum* impõe a aplicação da legislação vigente na data do óbito do segurado. II — A qualidade de segurado do instituidor da pensão está comprovada, uma vez que, na data do óbito, recebia benefício previdenciário. III — O § 2º do art. 76 da Lei n. 8.213/1991, conjugado ao preceito do art. 226, § 3º, da CF, conduz à conclusão de que a companheira, que, após a dissolução da união estável, venha recebendo alimentos, tem direito à pensão por morte. IV — Não configura julgamento *ultra petita* o fato de, no pedido inicial, a autora ter mencionado redutor de "pagamento mensal de um salário mínimo", porque o pedido de pensão por morte foi textualmente formulado, o que autoriza o julgador, preenchidos os requisitos legais, a concedê-lo com todas as decorrências de seu regime legal, o qual, na sistemática da Lei n. 8.213/1991, não prevê desmembramento em valor diverso (salário mínimo), mas apenas autoriza a divisão do benefício em partes iguais entre os dependentes. V — O reconhecimento do direito à concessão do benefício está subordinado ao exame de requisitos fixados na legislação de regência, de modo que acordos firmados entre supostos beneficiários, no âmbito privado, são inoponíveis ao ente autárquico e constituem matéria alheia à disciplina de direito público que envolve o litígio. VI — Termo inicial do benefício mantido na data do requerimento administrativo, na forma do art. 74, II, da Lei n. 8.213/1991. VII — Honorários advocatícios mantidos em 10% (dez por cento) sobre o valor das parcelas vencidas até a data da sentença, nos termos da Súmula n. 111 do STJ. VIII — Presentes os requisitos do art. 461, § 3º, CPC, é de ser deferida a antecipação de tutela, para permitir a imediata implantação do benefício. IX — Remessa oficial e apelações desprovidas. Tutela antecipada concedida de ofício.[39]

---

(39) TRF 3ª APELREE 200461830026120. 9ª T. Rel. Juíza Marisa Santos. DJF3 CJ1, data 22.10.2010, p. 1228.

E mesmo que no Regulamento da Previdência Social não houvesse a previsão quanto à manutenção da condição de dependente para o(a) ex-companheiro(a) que recebe alimentos para si e que o entendimento jurisprudencial não se manifestasse no sentido de igualdade entre o casamento e a união estável, estar-se-ia diante de um caso clássico de aplicação da interpretação extensiva.

Na interpretação extensiva ocorre o contrário da interpretação restritiva. Nesse caso o legislador foi também impróprio, pois, pretendendo abranger hipótese mais ampla, disse menos do que pretendeu. O intérprete alargará, portanto, a compreensão legal, estendendo o campo de abrangência.[40]

Em razão da condição de dependente do(a) ex-companheiro(a) que recebe alimentos em nome próprio, há de se destinar a ele(a) o mesmo tratamento dispensado ao ex-cônjuge que recebe alimentos para si.

### c) União homoafetiva

A união entre pessoas do mesmo sexo sempre se caracterizou como tema bastante controvertido para efeitos de reconhecimentos de direitos familiares, sucessórios e previdenciários.

Inúmeras vezes os direitos destas pessoas à herança e até a benefícios previdenciários somente foi garantido mediante decisão judicial. Até que no início dos anos 2000, uma decisão proferida no Rio Grande do Sul, mas com efeitos *erga omnes*, levou o Instituto Nacional do Seguro Social — INSS a reconhecer o direito à pensão por morte aos companheiros do mesmo sexo.

No início, o INSS, ao regular a matéria, exigiu das pessoas que conviviam em união homoafetiva que comprovassem a vida em comum e que o sobrevivente dependia economicamente do falecido para a sua manutenção (IN. INSS/DC n. 25, de 7 de junho de 2000).

Mais recentemente, a Instrução Normativa INSS/PRES n. 45, de 6 de agosto de 2010, excluiu a exigência de comprovação da dependência econômica, estabelecendo apenas a necessidade de comprovação de vida em comum, nos casos de união entre pessoas do mesmo sexo (art. 45, § 2º), alçando-as à condição de dependentes de primeira classe.

Ao julgar a Ação Direta de Inconstitucionalidade n. 4.277 e a Arguição de Descumprimento de Preceito Fundamental n. 132, relatadas pelo Ministro Ayres Brito, pôs-se fim à discussão, estabelecendo que:

> Ementa: 1. ARGUIÇÃO DE DESCUMPRIMENTO DE PRECEITO FUNDAMENTAL (ADPF). PERDA PARCIAL DE OBJETO. RECEBIMENTO, NA PARTE REMANESCENTE, COMO

---

(40) VENOSA, Sílvio de Salvo. *Introdução ao estudo do direito*. 3. ed. São Paulo: Atlas, p. 173.

AÇÃO DIRETA DE INCONSTITUCIONALIDADE. UNIÃO HOMOAFETIVA E SEU RECONHECIMENTO COMO INSTITUTO JURÍDICO. CONVERGÊNCIA DE OBJETOS ENTRE AÇÕES DE NATUREZA ABSTRATA. JULGAMENTO CONJUNTO. Encampação dos fundamentos da ADPF n. 132-RJ pela ADI n. 4.277-DF, com a finalidade de conferir "interpretação conforme à Constituição" ao art. 1.723 do Código Civil. Atendimento das condições da ação. 2. PROIBIÇÃO DE DISCRIMINAÇÃO DAS PESSOAS EM RAZÃO DO SEXO, SEJA NO PLANO DA DICOTOMIA HOMEM/MULHER (GÊNERO), SEJA NO PLANO DA ORIENTAÇÃO SEXUAL DE CADA QUAL DELES. A PROIBIÇÃO DO PRECONCEITO COMO CAPÍTULO DO CONSTITUCIONALISMO FRATERNAL. HOMENAGEM AO PLURALISMO COMO VALOR SÓCIO-POLÍTICO-CULTURAL. LIBERDADE PARA DISPOR DA PRÓPRIA SEXUALIDADE, INSERIDA NA CATEGORIA DOS DIREITOS FUNDAMENTAIS DO INDIVÍDUO, EXPRESSÃO QUE É DA AUTONOMIA DE VONTADE. DIREITO À INTIMIDADE E À VIDA PRIVADA. CLÁUSULA PÉTREA. O sexo das pessoas, salvo disposição constitucional expressa ou implícita em sentido contrário, não se presta como fator de desigualação jurídica. Proibição de preconceito, à luz do inciso IV do art. 3º da Constituição Federal, por colidir frontalmente com o objetivo constitucional de "promover o bem de todos". Silêncio normativo da Carta Magna a respeito do concreto uso do sexo dos indivíduos como saque da kelseniana "norma geral negativa", segundo a qual "o que não estiver juridicamente proibido, ou obrigado, está juridicamente permitido". Reconhecimento do direito à preferência sexual como direta emanação do princípio da "dignidade da pessoa humana": direito à autoestima no mais elevado ponto da consciência do indivíduo. Direito à busca da felicidade. Salto normativo da proibição do preconceito para a proclamação do direito à liberdade sexual. O concreto uso da sexualidade faz parte da autonomia da vontade das pessoas naturais. Empírico uso da sexualidade nos planos da intimidade e da privacidade constitucionalmente tuteladas. Autonomia da vontade. Cláusula pétrea. 3. TRATAMENTO CONSTITUCIONAL DA INSTITUIÇÃO DA FAMÍLIA. RECONHE-CIMENTO DE QUE A CONSTITUIÇÃO FEDERAL NÃO EMPRESTA AO SUBSTANTIVO "FAMÍLIA" NENHUM SIGNIFICADO ORTODOXO OU DA PRÓPRIA TÉCNICA JURÍDICA. A FAMÍLIA COMO CATEGORIA SOCIOCULTURAL E PRINCÍPIO ESPIRITUAL. DIREITO SUBJETIVO DE CONSTITUIR FAMÍLIA. INTERPRETAÇÃO NÃO REDUCIONISTA. O *caput* do art. 226 confere à família, base da sociedade, especial proteção do Estado. Ênfase constitucional à instituição da família. Família em seu coloquial ou proverbial significado de núcleo doméstico, pouco importando se formal ou informalmente constituída, ou se integrada por casais heteroafetivos ou por pares homoafetivos. A Constituição de 1988, ao utilizar-se da expressão "família", não limita sua formação a casais heteroafetivos nem à formalidade cartorária, celebração civil ou liturgia religiosa. Família como instituição privada que, voluntariamente constituída entre pessoas adultas, mantém com o Estado e a sociedade civil uma necessária relação tricotômica. Núcleo familiar que é o principal lócus institucional de concreção dos direitos fundamentais que a própria Constituição designa por "intimidade e vida privada" (inciso X do art. 5º). Isonomia entre casais heteroafetivos e pares homoafetivos que somente ganha plenitude de sentido se desembocar no igual direito subjetivo à formação de uma autonomizada família. Família como figura central ou continente, de que tudo o mais é conteúdo. Imperiosidade da interpretação não reducionista do conceito de família como instituição que também se forma por vias distintas do casamento civil. Avanço da Constituição Federal de 1988 no plano dos costumes. Caminhada na direção do pluralismo como categoria sociopolítico-cultural. Competência do Supremo Tribunal Federal para manter, interpretativamente, o Texto Magno na posse do seu fundamental atributo da coerência, o que passa pela eliminação de preconceito quanto à orientação sexual das pessoas. 4. UNIÃO ESTÁVEL. NORMAÇÃO CONSTITUCIONAL REFERIDA A HOMEM E MULHER, MAS APENAS PARA ESPECIAL PROTEÇÃO DESTA ÚLTIMA. FOCADO PROPÓSITO CONSTITUCIONAL DE ESTABELECER RELAÇÕES JURÍDICAS HORIZONTAIS OU SEM HIERARQUIA ENTRE AS DUAS TIPOLOGIAS DO GÊNERO HUMANO. IDENTIDADE CONSTITUCIONAL DOS CONCEITOS DE "ENTIDADE FAMILIAR" E "FAMÍLIA". A referência constitucional à dualidade básica homem/mulher, no § 3º do seu art. 226, deve-se ao centrado intuito de não se perder a menor oportunidade para favorecer relações jurídicas horizontais ou sem hierarquia no âmbito das sociedades domésticas. Reforço normativo a um mais eficiente combate à renitência patriarcal dos costumes brasileiros. Impossibilidade de uso da letra da Constituição para ressuscitar o art. 175 da Carta de 1967/1969. Não há como fazer rolar a cabeça do art. 226 no patíbulo do seu parágrafo terceiro. Dispositivo que, ao utilizar da terminologia "entidade familiar", não pretendeu diferenciá-la da "família". Inexistência de hierarquia ou diferença de qualidade jurídica entre as duas formas de constituição de um novo e autonomizado núcleo doméstico. Emprego do fraseado "entidade familiar" como sinônimo perfeito de família. A Constituição não interdita a formação de família por pessoas do mesmo sexo. Consagração do juízo de que não se proíbe nada a ninguém senão em face de um direito ou de proteção de um legítimo interesse de outrem, ou de toda a sociedade, o que não se dá na hipótese *sub judice*. Inexistência do direito dos indivíduos heteroafetivos à sua não equiparação jurídica com os indivíduos homoafetivos. Aplicabilidade do § 2º do art. 5º da Constituição Federal, a evidenciar que outros direitos e garantias, não expressamente listados na Constituição, emergem "do regime e dos princípios por ela adotados", *verbis*: "Os direitos e garantias expressos nesta Constituição não excluem outros decorrentes do regime e dos princípios por ela adotados, ou dos tratados internacionais em que a República Federativa do Brasil seja parte". 5. DIVERGÊNCIAS LATERAIS QUANTO À FUNDAMENTAÇÃO DO ACÓRDÃO. Anotação de que os Ministros Ricardo Lewandowski, Gilmar Mendes e Cezar Peluso convergiram no particular entendimento da impossibilidade de ortodoxo enquadramento da união homoafetiva nas espécies de família constitucionalmente estabelecidas. Sem embargo, reconheceram a união entre parceiros do mesmo sexo como uma nova forma de entidade familiar. Matéria aberta à conformação legislativa, sem prejuízo do reconhecimento da imediata auto-aplicabilidade da Constituição. 6. INTERPRETAÇÃO DO ART. 1.723 DO CÓDIGO CIVIL EM CONFORMIDADE COM A CONSTITUIÇÃO FEDERAL (TÉCNICA DA "INTERPRETAÇÃO CONFORME"). RECONHECIMENTO DA UNIÃO HOMOAFETIVA COMO FAMÍLIA. PROCEDÊNCIA DAS AÇÕES. Ante a possibilidade de interpretação em sentido preconceituoso ou discriminatório do art. 1.723 do Código Civil, não resolúvel à luz dele próprio, faz-se necessária a utilização da técnica de "interpretação conforme à Constituição". Isso para excluir do dispositivo em causa qualquer significado que impeça o reconhecimento da união contínua, pública e duradoura entre pessoas do mesmo sexo como família. Reconhecimento que é de ser feito segundo as mesmas regras e com as mesmas consequências da união estável heteroafetiva.

Estabeleceu-se, portanto, que a constituição de uma família não exige, sob o aspecto jurídico-constitucional, que esta seja composta de um casal heterossexual, partindo desta premissa decidiu interpretar o art. 1.723 do Código Civil conforme a Constituição Federal, afastando qualquer interpretação que pudesse caracterizar ofensa aos princípios da igualdade e da dignidade da pessoa humana, dentre outros.

Na mesma linha, o Superior Tribunal de Justiça adotou o mesmo posicionamento acerca dos requisitos para a composição de uma unidade familiar, ao reconhecer, no julgamento do REsp n. 1.183.378-RS, a possibilidade de casamento civil entre pessoas do mesmo sexo.

Assim, garantiu-se aos cidadãos brasileiros, independentemente de orientação sexual, o direito à constituição de uma entidade familiar.

A partir de então, restou consolidado, por parte do Supremo Tribunal Federal, o entendimento de que a união homoafetiva se constitui em uma das espécies de união estável definida pelo art. 1.723 do Código Civil brasileiro, bem como que o casamento civil pode ser celebrado por casais homossexuais, entendimento esposado pelo Superior Tribunal de Justiça, e, como tal, autoriza a concessão de pensão por morte ao companheiro ou cônjuge do mesmo sexo supérstite.

Isto porque tanto o companheiro quanto o cônjuge do segurado falecido figuram como dependentes de 1ª classe e, como presume-se absolutamente a sua dependência econômica, são preferidos aos dependentes que integram as demais classes.

## D) FILHOS

No âmbito do Regime Geral a pensão por morte é concedida aos filhos quando estes contarem com menos de 21 (vinte e um) anos ou quando inválidos independentemente de idade.

Daí afirmar-se que a maioridade previdenciária ocorre aos 21 (vinte e um) anos, não possuindo, portanto, qualquer correlação com a maioridade civil.

Entretanto, caso o filho seja emancipado na forma do Código Civil, não poderá pleitear o benefício, mesmo que conte com menos de 21 (vinte e um) anos de idade.

A expressão "de qualquer natureza", contida no inciso I do art. 16 da Lei n. 8.213/1991 tem o condão de deixar claro o direito à obtenção do benefício por parte do filho, mesmo que este não integre o núcleo familiar constituído pelo *de cujus*, por intermédio de um casamento ou de uma união estável. Afasta, assim, a possibilidade de negativa do benefício em razão da filiação adulterina, como ocorria no ordenamento jurídico brasileiro antes do advento da atual Carta Magna, ocasião em que havia distinção de direitos entre os chamados filhos legítimos e os adulterinos ou espúrios.

Inválido é o filho que em razão de doença ou acidente não possua condições de exercer qualquer atividade laboral, impedindo assim que busque por suas próprias forças os meios necessários a seu próprio sustento.

A invalidez deve ocorrer antes do óbito do segurado e ainda persistir na data do falecimento e ser comprovada por intermédio da perícia médica do INSS.

Na hipótese de filho emancipado, a invalidez deve ocorrer antes da concretização da emancipação, conforme estabelece o art. 108 do Decreto n. 3.048/1999 — Regulamento da Previdência Social.

Contudo, a jurisprudência entende que a invalidação posterior à emancipação, mas anterior à maioridade previdenciária autoriza a concessão do benefício, senão vejamos:

> PREVIDENCIÁRIO. PROCESSUAL CIVIL. PENSÃO POR MORTE. PRELIMINAR DE INTEMPESTIVIDADE. INOCORRÊNCIA. FILHO INVÁLIDO. CASAMENTO E MAIORIDADE. INVALIDEZ NO MOMENTO DO ÓBITO DO SEGURADO INSTITUIDOR. CORREÇÃO MONETÁRIA. JUROS DE MORA. HONORÁRIOS ADVOCATÍCIOS. IMPLANTAÇÃO IMEDIATA. I — Não há falar-se em intempestividade do recurso de apelação do réu, uma vez que o procurador da autarquia previdenciária foi intimado pessoalmente da sentença em 6.7.2010, tendo protocolizado o aludido recurso em 1º.7.2010, estando, assim, dentro do prazo de 30 dias, nos termos do art. 188 do CPC c/c o art. 17 da Lei n. 10.910/2004. II — A qualidade de segurado do *de cujus* é inquestionável, haja vista que esta era titular de benefício de aposentadoria por invalidez à época do óbito. **III — A certidão de óbito revela a relação de filiação entre o autor e o *de cujus*, bem como o laudo médico pericial, elaborado em 30.4.2009, atesta ser o demandante portador de epilepsia, tendo o *expert* concluído pela existência de incapacidade para as atividades laborativas. IV — A emancipação gerada pelo casamento afeta tão somente os dependentes que eram menores de 21 anos de idade, não alcançando os dependentes inválidos. Na verdade, o que justifica a concessão do benefício de pensão por morte é a situação de invalidez do requerente e a manutenção de sua dependência econômica para com seu pai, sendo irrelevante o momento em que a incapacidade para o labor tenha surgido, ou seja, se antes da maioridade ou depois. V — A constituição de nova família pelo casamento poderia esmaecer o vínculo de dependência econômica do demandante para com seu pai, todavia, no caso vertente, ambos residiam no mesmo domicílio na data do evento morte (Rodovia Senador Laurindo Minhoto, n. 351, Tatuí/SP), conforme se verifica do cotejo do endereço constante da certidão de óbito com aquele declinado na inicial e consignado na conta de telefone em nome do autor, fato este indicativo da manutenção da alegada dependência econômica mesmo após o casamento.** VI — Ante a ausência de abordagem do termo inicial no recurso de apelação do réu, há que se manter o disposto na r. sentença recorrida, que o fixou a contar da data do ajuizamento da ação. VII — A correção monetária incide sobre as prestações em atraso, desde as respectivas competências, na forma da legislação de regência, observando-se que a partir de 11.8.2006 o IGP-DI deixa de ser utilizado como índice de atualização dos débitos previdenciários, devendo ser adotado, da retroaludida data (11.8.2006) em

diante, o INPC em vez do IGP-DI, nos termos do art. 31 da Lei n. 10.741/2003 c.c. o art. 41-A da Lei n. 8.213/1991, com a redação que lhe foi dada pela Medida Provisória n. 316, de 11 de agosto de 2006, posteriormente convertida na Lei n. 11.430, de 26.12.2006. VIII — Os juros de mora incidem a partir da citação, de forma global para as parcelas anteriores a tal ato processual e de forma decrescente para as parcelas posteriores até a data da conta de liquidação, que der origem ao precatório ou a requisição de pequeno valor — RPV. Após o dia 10.1.2003, a taxa de juros de mora passa a ser de 1% ao mês, nos termos do art. 406 do Código Civil e do art. 161, § 1º, do Código Tributário Nacional. IX — Importante destacar que "o art. 5º da Lei n. 11.960/2009, que alterou o critério do cálculo de juros moratórios previsto no art.1º-F da Lei n. 9.494/1997, possui natureza instrumental material. Assim, não pode incidir sobre processos já em andamento" (STJ, AgRg nos Edcl no Resp 1136266/SP, Rel. Ministro Felix Fischer, Quinta Turma, julgado em 17.6.2010, Dje 2.8.2010). X — No tocante aos honorários advocatícios, em face da ausência de recurso de apelação do autor, impõe-se observar o determinado pela r. sentença recorrida. XI — O benefício deve ser implantado de imediato, nos termos do *caput* do art. 461 do CPC. XII — Preliminar do autor rejeitada. Apelação do réu desprovida.[41]

É possível que a invalidez ocorra antes de o filho não emancipado completar 21 (vinte e um) anos e posteriormente à data do óbito do segurado, nesta hipótese o art. 115 do mesmo Decreto estabelece:

> O dependente menor de idade que se invalidar antes de completar vinte e um anos deverá ser submetido a exame médico-pericial, não se extinguindo a respectiva cota se confirmada a invalidez.

Portanto, nos termos do artigo em questão, em ocorrendo a invalidez após o falecimento do segurado e antes da maioridade previdenciária, o dependente fará jus à continuidade do pagamento dos proventos enquanto aquela persistir.

O pensionista inválido está obrigado, independentemente de sua idade e sob pena de suspensão do benefício, a submeter-se a exame médico a cargo da previdência social, a processo de reabilitação profissional por ela prescrito e custeado e a tratamento dispensado gratuitamente, exceto o cirúrgico e a transfusão de sangue, que são facultativos.[42]

A Lei n. 12.470/2011 permitiu aos filhos com deficiência mental ou intelectual que os torne absoluta ou relativamente incapazes, reconhecida judicialmente, fazer jus à pensão por morte, mesmo após completarem 21 (vinte e um) anos.

Por fim, é preciso destacar que no âmbito do Regime Geral nunca houve, sob a égide da Lei n. 8.213/1991, a possibilidade de concessão de pensão por morte aos filhos maiores de 21 (vinte e um) anos e menores de 24 (vinte e quatro) anos, que estiverem cursando o nível superior de ensino.

---

(41) TRF 3ª 10ª T. AC 201003990345601. Rel. Juiz. Sérgio Nascimento, DJF3 CJ1 data 8.6.2011, p. 1565.
(42) IBRAHIM, Fábio Zambitte. *Curso de direito previdenciário*. 16. ed. Niterói: Impetus, p. 659.

Ainda assim, ante a possibilidade de concessão do benefício nestes casos em alguns Regimes Próprios, os dependentes do *de cujus* vêm formulando pleitos neste sentido, sob o argumento de que a pensão por morte possui natureza alimentar e, como tal, deve ser concedida, face à necessidade de sustento decorrente da impossibilidade de manutenção do sustento próprio e dos estudos concomitantemente.

Contudo, tais argumentos são prontamente rechaçados pelos Tribunais brasileiros, senão vejamos:

> PREVIDENCIÁRIO. AGRAVO DE INSTRUMENTO. PENSÃO POR MORTE. MANUTENÇÃO DO BENEFÍCIO DE FILHO ATÉ 24 ANOS. AUSÊNCIA DE PREVISÃO LEGAL. AGRAVO PROVIDO. 1. Nos termos do inciso II, do § 2º, do art. 77, da Lei n. 8.213/1991, a pensão temporária extingue-se para o filho ao completar 21 (vinte e um) anos de idade, salvo se for inválido.
>
> 2. A jurisprudência dominante desta Corte e do Colendo STJ também é no sentido de que cessa o benefício de pensão por morte de filho de segurado aos vinte e um anos, de acordo com a Lei n. 8.213/1991, não havendo amparo legal para prorrogação do benefício até os vinte e quatro anos, ainda que o beneficiário seja estudante universitário.
>
> 3. Agravo de instrumento provido.[43]

## E) *EQUIPARADOS A FILHOS*

São equiparados aos filhos para efeitos previdenciários o enteado e o tutelado. O enteado é o filho do cônjuge ou do companheiro com terceiro, que convive com o segurado. O tutelado é o assim considerado na forma da lei civil, mediante declaração judicial, desde que não possua bens suficientes para o próprio sustento e educação.[44]

Nos termos do que estabelece o § 2º do art. 16 da Lei n. 8.213/1991, os enteados e tutelados, quando houver declaração do segurado e comprovação da dependência econômica, serão equiparados aos filhos.

Neste caso, a presunção de dependência econômica é relativa, uma vez que deverá ser feita por intermédio da apresentação dos documentos elencados no art. 20 do Decreto n. 3.048/1999.

Há de se destacar que o rol de documentos estabelecidos no artigo em questão é meramente exemplificativo, admitindo a comprovação de dependência econômica por intermédio de outros documentos ali não elencados.

Uma vez demonstrada a dependência econômica e tendo sido feita a declaração pelo segurado quando em vida, o enteado ou tutelado concorrerá em

---

(43) TRF 1ª 2ª T. AG 2009.01.00.068614-0/MG. Rel. Des. Monica Sifuentes, e-DJF1 p. 86 de 4.10.2010.
(44) TAVARES, Marcelo Leonardo. *Direito previdenciário*. 13. ed. Niterói: Impetus, p. 88.

igualdade de condições com os filhos, aplicando-se-lhe todas as regras destinadas a estes, inclusive as atinentes à invalidez.

### f) MENOR SOB GUARDA

Na redação original da Lei n. 8.213/1991 o menor sob guarda do segurado falecido figurava dentre os dependentes deste, na condição de equiparado a filho.

A exigência legal para a concessão do benefício consistia na concessão de guarda judicial do menor em favor do ex-segurado.

Mas a Lei n. 9.528, de 10 de dezembro de 1997, alterou a redação do § 2º do art. 16 da Lei n. 8.213/1991, excluindo o menor sob guarda da condição de equiparado a filho para efeitos de definição dos dependentes do segurado do Regime Geral que posteriormente podem pleitear o benefício de pensão.

Então, teoricamente, o menor sob guarda deixou de figurar como um dos legitimados à concessão da pensão por morte. Contudo, o Estatuto da Criança e do Adolescente, ao regular o processo de guarda, estabeleceu:

Art. 33. A guarda obriga a prestação de assistência material, moral e educacional à criança ou adolescente, conferindo a seu detentor o direito de opor-se a terceiros, inclusive aos pais.

(...)

§ 3º A guarda confere à criança ou adolescente a condição de dependente, para todos os fins e efeitos de direito, inclusive previdenciários.

(...)

> A Constituição da República, no art. 227, determina a responsabilidade da família, da sociedade e do Estado na garantia do direito à vida, à saúde, à alimentação, à educação, ao lazer e a outros direitos sociais de crianças e adolescentes. Essa assistência inclui a garantia aos direitos previdenciários. O Estatuto da Criança e do Adolescente (Lei n. 8.069/1990) diferencia dois tipos de guarda: aquela deferida liminarmente nos procedimentos de tutela e adoção, e outra para atender a situações peculiares ou suprir a falta eventual dos pais ou responsável (art. 33, § 2º). Ocorrendo o faleci-mento do guardião segurado, o menor sob guarda do primeiro tipo, isto é, aquele em período de adaptação para a tutela e adoção, deve ser protegido pelo RGPS como dependente, pois a relação provisória de guarda tendia a ser efetivada, quando foi desfeita pelo óbito: contudo, se a guarda foi deferida apenas para suprir falta eventual dos pais, sem dependência econômica, o benefício previdenciário não se justificará, tendo em vista o caráter precário da relação de guarda.[45]

---

(45) TAVARES, Marcelo Leonardo. *Direito previdenciário*. 13. ed. Niterói: Impetus. p. 88.

Entendimento este convalidado por quase a totalidade da jurisprudência pátria, mantendo, assim, para o menor sob guarda a condição de equiparado a filho para efeitos previdenciários, só que não mais com fundamento no disposto na legislação securitária e sim no disposto na legislação protecionista destinada às crianças e adolescentes.

Entretanto, recentemente, o Superior Tribunal de Justiça mudou seu entendimento e vem reconhecendo a impossibilidade de concessão do benefício ao menor sob guarda, senão vejamos:

AGRAVO INTERNO. PENSÃO POR MORTE. MENOR SOB GUARDA. EXCLUSÃO DO ROL DE DEPENDENTES. LEI N. 9.528/1997.

1. Tratando-se de ação para fins de inclusão de menor sob guarda como dependente de segurado abrangido pelo Regime Geral da Previdência Social — RGPS, não prevalece o disposto no art. 33, § 3º, do Estatuto da Criança e do Adolescente em face da alteração introduzida pela Lei n. 9.528/1997. (REsp 503019/RS, Rel. Min. Paulo Gallotti, DJ 30.10.2006).

2. Decisão mantida pelos seus próprios fundamentos.

3. Agravo interno ao qual se nega provimento.[46]

PREVIDENCIÁRIO. AGRAVO REGIMENTAL NO AGRAVO DE INSTRUMENTO. PENSÃO POR MORTE. MENOR DESIGNADO. LEI N. 8.069/1990 (ECA). NÃO APLICAÇÃO. ENTENDIMENTO DA TERCEIRA SEÇÃO. LEI N. 9.528/1997. INCIDÊNCIA. OBSERVÂNCIA DO PRINCÍPIO *TEMPUS REGIT ACTUM*. RESSALVA PESSOAL DO RELATOR. AGRAVO IMPROVIDO.

1. A Terceira Seção deste Tribunal pacificou o entendimento no sentido de que, em se tratando de menor sob guarda designado como dependente de segurado abrangido pelo Regime Geral da Previdência Social, a ele não se aplicam as disposições previdenciárias do Estatuto da Criança e do Adolescente. Ressalva de ponto de vista pessoal do relator.

2. Agravo regimental improvido.[47]

A mudança de entendimento pela Corte Superior com certeza levará a um novo repensar por parte dos Tribunais brasileiros, acerca da possibilidade de o menor sob guarda figurar como possível beneficiário do segurado falecido.

## G) PAIS

O rol de dependentes do segurado elenca, na segunda categoria, os pais como possíveis beneficiários da pensão por morte, portanto, tanto o pai quanto a mãe podem vir a pleiteá-la.

---
(46) STJ. 6ª T. AgRg no REsp 924023/RS. Rel. Des. Conv. Celso Limongi, J. 25.8.2009. DJe 14.9.2009.
(47) STJ. 5ª T. AgRg no Ag 1020832/SP. Rel. Min. Arnaldo Esteves Lima, J. 27.4.2009. DJe 15.6.2009.

Nessa situação são contemplados os pais biológicos e os adotivos, já que a adoção atribui a condição de filho ao menor, outorgando-lhe os mesmos direitos e deveres que o filho biológico (art. 41 da Lei n. 8.069/1990).

A própria legislação previdenciária, ainda que por via transversa, conduz a este entendimento, ao estabelecer que os filhos, de qualquer condição, são considerados dependentes, contemplando, assim, os adotivos.

Então, com o fito de garantir a igualdade de direitos apregoada pela Constituição Federal, o tratamento dispensado aos pais adotivos não pode ser diferenciado, permitindo-se, então, que estes figurem no rol de dependentes.

Em ambas as hipóteses, a dependência econômica dos pais é de presunção relativa, exigindo, portanto, a comprovação de que o segurado contribuía, em vida, para o sustento destes.

A prova desta dependência é feita com observância do que estabelece o art. 20 do Decreto n. 3.048/1999.

### *h) Irmãos*

A legislação permite a concessão de pensão por morte ao irmão de qualquer condição, quando este contar com menos de 21 (vinte e um) anos de idade ou for inválido, desde que não esteja emancipado.

A Lei n. 12.470/2011 permitiu aos irmãos com deficiência mental ou intelectual que os torne absoluta ou relativamente incapazes, reconhecida judicialmente, fazer jus à pensão por morte, mesmo após completarem 21 (vinte e um) anos.

Aqui, também, o benefício alcança os irmãos adotivos ou mesmo aqueles que assim o forem apenas por parte de um dos genitores, ou seja, irmãos apenas paternos ou apenas maternos.

No mais, aplicam-se as mesmas regras e explicações alusivas aos filhos quanto à menoridade previdenciária e à invalidez.

### 4.4. *Renda mensal*

A renda mensal corresponde ao valor pago aos dependentes a título de proventos. E no caso das pensões por morte ela é correspondente aos proventos de aposentadoria que o segurado falecido recebia ou, caso este tenha falecido em atividade, à totalidade dos proventos de aposentadoria por invalidez a que teria direito por ocasião de seu óbito (art. 75 da Lei n. 8.213/1991).

Portanto, nos casos em que o falecido já esteja aposentado a renda mensal será igual ao valor dos proventos de aposentadoria que este recebia.

Já na hipótese de o segurado ter ido a óbito ainda em atividade, faz-se necessária a simulação de qual seria o valor da renda mensal relativa a uma aposentadoria por invalidez a que teria direito na data de seu passamento.

O valor da pensão por morte será dividido em partes iguais entre os dependentes. Se o direito à pensão cessar, a parcela correspondente reverterá em favor dos demais.[48]

Essa divisão igualitária se dá entre dependentes de mesma classe, uma vez que, conforme determina o § 1º do art. 16 da Lei n. 8.213/1991, a existência de dependentes de uma das classes exclui o direito ao benefício por parte dos integrantes das outras classes.

As classes são definidas de acordo com os incisos do art. 16, que os dependentes integram, conforme já exposto.

É possível afirmar categoricamente que existe divisão dos proventos em cotas-parte apenas no caso dos beneficiários do inciso I do mesmo artigo, onde figuram cônjuges, companheiros(as), filhos e equiparados a filhos. Pois os pais integram o inciso II e os irmãos o III, compondo, desta forma, as outras duas classes de beneficiários, respectivamente.

Contudo, a divisão igualitária das cotas-parte somente ocorrerá caso não existam filhos cujo benefício tenha sido concedido em razão de deficiência intelectual ou mental, que os tornou absoluta ou relativamente incapazes, assim declarados judicialmente.

Isto porque quando este possuir relação trabalhista ou empreendedora vigente a cota individual será reduzida em 30% (trinta por cento), enquanto durar esta relação, conforme estabelece o § 4º do art. 77, inserido na Lei n. 8.213/1991 pela Lei n. 12.470/2011.

Administrativamente, a Previdência Social aceitou, até a data de 1º.5.2008, efetuar o pagamento da pensão por morte simultaneamente ao cônjuge supérstite (não separado de fato e nem de direito) e a um companheiro ou companheira, conforme podemos observar da redação original do § 4º do art. 269 da Instrução Normativa INSS n. 20/2007. No entanto, alteração substancial ocorreu com a Instrução Normativa INSS n. 27/2008, reconhecendo o INSS a ilegalidade do procedimento por ele anteriormente praticado e passando a conceder o benefício apenas se a(o) companheira(o) comprovar que o(a) segurado(a) casado(a) se encontrava separado(a) judicialmente ou de fato.[49]

A extinção da cota-parte ocorrerá nas hipóteses previstas no § 2º do art. 77 da Lei n. 8.213/1991, onde estão elencados como causa de término do benefício:

---

(48) TSUTIYA, Augusto Massayuki. *Curso de direito da seguridade social*. 2. ed. São Paulo: Saraiva, p. 291.
(49) VIANNA, Cláudia Salles Vilela. *Previdência social* — custeio e benefícios. 2. ed. São Paulo: LTr, p. 494.

a morte, a emancipação, a cessação da maioridade previdenciária ou da invalidez e o levantamento da interdição.

Não se pode confundir as causas de cessação da cota-parte do benefício com as de extinção da condição de dependente.

Pois no primeiro caso o benefício já foi concedido e vem sendo pago regularmente, enquanto no segundo caso o benefício ainda não foi concedido, estão definidos apenas aqueles que podem vir a receber os proventos decorrentes da pensão por morte.

Em observância ao princípio da preservação do valor real dos benefícios, previsto no § 4º do art. 201 da Constituição Federal, os proventos relativos à pensão por morte serão revistos anualmente, na mesma data em que for reajustado o salário mínimo, com base no Índice Nacional de Preços ao Consumidor — INPC (art. 41-A da Lei n. 8.213/1991).

## 4.5. PAGAMENTO DA RENDA MENSAL

A Lei n. 8.213/1991, ao definir a data de início do pagamento do benefício, estabeleceu, em seu art. 74, que o benefício é devido:

a) a contar da data do óbito, quando o requerimento for formulado num prazo de 30 (trinta) dias contados da data do óbito do segurado;

b) a contar da data do requerimento quando este prazo não for observado;

c) ou da data da sentença judicial que reconheceu a morte presumida do segurado.

Então, nas hipóteses em que o benefício for pleiteado dentro do prazo de 30 (trinta) dias, independentemente do tempo que demorar a sua análise, uma vez concedido, a renda mensal será devida a contar do óbito do segurado.

Já no caso em que o dependente retardar por mais de 30 (trinta) dias a apresentação do pedido, os valores serão pagos a contar da data do pleito administrativo.

Por fim, nos casos de morte presumida, faz-se necessário preliminarmente o reconhecimento judicial desta, momento em que terá início o direito do dependente.

Contudo, a declaração de presunção de óbito somente poderá ocorrer quando se constatar a ausência do segurado por mais de 6 (seis) meses. Ausente é aquele que desaparece de seu domicílio, sem que dele se tenha qualquer notícia.[50]

Nos casos de acidente, catástrofe ou desastre não é necessária a declaração de morte presumida ou mesmo a observância do prazo semestral para a concessão da pensão por morte.

---

(50) PEREIRA, Caio Mário da Silva. *Instituições de direito civil*. 23. ed. Rio de Janeiro: Forense, p. 193.

Em todas as hipóteses de concessão do benefício em razão da presunção de óbito do segurado este será provisório, uma vez que esta cessará com o reaparecimento do segurado.

Quando o benefício for negado administrativamente e o pleito for concedido pelo Poder Judiciário, será observado o disposto nos incisos I e II do art. 74 da Lei n. 8.213/1991 para definição da data em que se inicia o pagamento da pensão por morte.

Já naqueles casos em que o benefício for pleiteado diretamente em juízo, a data de início do benefício será a do ajuizamento da ação. Nesse sentido:

> PREVIDENCIÁRIO. AGRAVO REGIMENTAL EM RECURSO ESPECIAL. PENSÃO POR MORTE. COMPANHEIRA TARDIAMENTE HABILITADA. ART. 76 DA LEI N. 8.213/1991. AUSÊNCIA DE PRÉVIO REQUERIMENTO ADMINISTRATIVO. BENEFÍCIO DEVIDO DESDE O AJUIZAMENTO DA AÇÃO. AGRAVO REGIMENTAL DO INSS DESPROVIDO.
>
> 1. Tratando-se de dependente tardiamente habilitado, o termo inicial para o recebimento do benefício de pensão por morte é a data em que efetuada a habilitação (art. 76 da Lei n. 8.213/1991).
>
> 2. No caso, a companheira não requereu administrativamente sua habilitação, tendo efetuado o requerimento diretamente em Juízo, motivo pelo qual deve ser a data do ajuizamento da ação o termo inicial do recebimento do benefício.
>
> 3. Agravo Regimental do INSS desprovido.[51]

A concessão da pensão por morte não será protelada pela falta de habilitação ou outro possível dependente, e qualquer inscrição ou habilitação posterior que importe em exclusão ou inclusão do dependente só produzirão efeito a contar da data da inscrição ou habilitação. Outro dependente pode ser filho ou companheira.[52]

A habilitação posterior, também chamada habilitação tardia, consiste no fato de já existir beneficiário recebendo os proventos de pensão por morte, no momento em que o dependente venha a pleitear seu benefício.

Nesta situação, em se tratando de dependente de mesma classe o benefício passará a ser rateado; no caso de dependente de classe superior, o beneficiário que estiver recebendo o benefício será excluído; e no caso de dependente de classe inferior, o pleito será indeferido.

Nas hipóteses em que o segurado falecido não tenha se separado formalmente de seu ex-cônjuge em razão de sua ausência e tenha iniciado uma nova relação

---

(51) STJ. 5ª T. AgRg no REsp 1055005/RJ. Rel. Min. Napoleão Nunes Maia Filho. J. 24.11.2008. DJe 9.2.2009.
(52) MARTINS, Sergio Pinto. *Direito da seguridade social*. 25. ed. São Paulo: Atlas, p. 364.

afetiva, por intermédio de uma união estável, o(a) novo(a) companheiro(a) fará jus ao benefício desde que comprove que dependia economicamente do *de cujus*.

A Lei n. 8.213/1991 estabeleceu, em seu art. 103, os prazos de decadência do direito de rever o ato de concessão do benefício e de prescrição do direito de ação de prestações pretéritas não pagas. No primeiro caso, 10 (dez) anos, e no segundo, 5 (cinco) anos.

Contudo, o art. 79 do mesmo diploma legal estabelece que não se aplicam estes prazos aos pensionistas menores, ausentes e incapazes.

Portanto, ressalvadas as hipóteses de habilitação posterior, os dependentes incapazes, menores ou ausentes farão jus ao recebimento do benefício desde o óbito do segurado, independentemente do momento em que o pleito deste for formulado, desde que ainda se encontrem naquela condição.

O prazo de 30 (trinta) dias estipulado no art. 74 da Lei n. 8.213/1991 começará a contar da data da cessação da incapacidade ou da menoridade ou do retorno do ausente.

## 4.6. APLICAÇÃO DA LEGISLAÇÃO

A concessão da pensão por morte é regulada pela legislação em vigor na data do óbito do segurado falecido, ou seja, a verificação da manutenção da condição de segurado, do preenchimento dos requisitos para o reconhecimento da dependência econômica e da forma de cálculo da renda mensal e sua divisão serão feitas com base na lei vigente no dia do falecimento do segurado.

Nesse sentido é o entendimento do Superior Tribunal de Justiça:

> Súmula n. 340. A lei aplicável à concessão de pensão previdenciária por morte é aquela vigente na data do óbito do segurado.

É possível concluir, portanto, que antes do óbito do segurado os dependentes possuem apenas expectativa de direito, já que a aferição do preenchimento das condições exigidas para a obtenção do benefício somente será feita no dia da morte do segurado. Momento em que a lei vigente poderá ser diferente da que produzia efeitos anteriormente.

# Capítulo V

# *A Pensão nos Regimes Próprios*

A Constituição Federal, em observância à autonomia dos Entes Federados, outorgou aos Regimes Próprios de Previdência Social o poder de definir, por lei, os critérios e requisitos para a concessão da pensão por morte, limitando-se a regular apenas a forma de cálculo do benefício.

O Ministério da Previdência Social, por sua vez, usurpando do poder que lhe fora outorgado pela Carta Maior, impôs, por intermédio de ato administrativo de natureza normativa, aos Regimes Próprios a observância do rol de dependentes estabelecido para o Regime Geral.

Ainda assim, os Regimes Próprios dispõem de liberdade para definir os requisitos para a concessão da pensão, a forma pela qual serão divididos os proventos decorrentes desta e as causas que levam à extinção do benefício.

Então, a análise acerca da possibilidade de concessão do benefício deve ser feita com base na legislação de cada Ente Federado.

## *5.1. Carência*

Conforme já anteriormente mencionado, no âmbito dos Regimes Próprios, não existe o instituto da carência a ser exigida para a concessão de benefício.

## *5.2. Beneficiários*

A definição dos integrantes do rol de beneficiários compete a cada um dos Entes Federados, devendo observar, contudo, o inconstitucional e ilegal § 2º do art. 51 da Orientação Normativa SPS n. 2, de 31 de março de 2009, sob pena de perda do Certificado de Regularidade Previdenciária — CRP, documento exigido para que os Entes Federados recebam recursos federais.

Independentemente do contido na referida Orientação, é fato que, em razão da natureza e do caráter da pensão por morte, o rol de dependentes deve conter apenas aquelas pessoas que tinham o segurado falecido como alguém responsável ou contribuinte de seu sustento pessoal.

Além disso, as legislações dos RPPSs em geral reproduzem os ditames contidos na Lei Federal n. 8.213/1991, salvo algumas peculiaridades que podem ser destacadas.

### a) Maioridade previdenciária

O Regime Geral definiu como maioridade previdenciária a idade de 21 (vinte e um) anos, ressalvando os casos de emancipação, aos quais se aplica a legislação civil.

Já os Regimes Próprios têm liberdade para definir qual será a idade limite para a concessão do benefício, daí o Estado de São Paulo estabelecer, por intermédio da Lei Complementar n. 180, de 12 de maio de 1978, que considera-se dependente o filho de idade igual à prevista na legislação do Regime Geral de Previdência Social e não emancipado (art. 147, com a redação que lhe foi dada pela Lei Complementar n. 1.012/2007).

O Estado de Mato Grosso optou por estabelecer que a maio-ridade previdenciária seria atingida no mesmo instante em que ocorresse o atingi-mento da maioridade civil, conforme estabelece o art. 245 da Lei Complementar Estadual n. 4/1990, com as alterações que lhe foram promovidas pela Lei Complementar Estadual n. 197/2004.

### b) União homoafetiva

A liberdade constitucional e a ausência de previsão de concessão de pensão por morte nos casos de união entre pessoas do mesmo sexo permitem aos Regimes Próprios a definição acerca de sua inserção no rol de dependentes do segurado falecido.

A inserção desta hipótese de concessão do benefício deve ser feita por intermédio de alteração legislativa. Poder-se-ia até cogitar da aplicação do princípio da subsidiariedade (art. 40, § 12, CF) com o objetivo de autorizar a concessão da pensão, já que ausência de previsão da matéria permitiria a aplicação das normas relativas ao Regime Geral.

Mas é importante destacar que o Regime Geral, com o objetivo de dar cumprimento à decisão judicial, estendeu a possibilidade de concessão de pensão por morte, nos casos de uniões homoafetivas, por intermédio de Instrução Normativa.

No âmbito dos Regimes Próprios, há de preponderar o princípio da legalidade. Então, para que possa ocorrer a aplicação do princípio da subsidiariedade, faz-se necessário que o Regime Próprio utilize-se de norma de mesma hierarquia para a regulação do instituto.

Hoje, o tema restou superado, uma vez que os Regimes Próprios que não fizeram a inserção em seu ordenamento jurídico da possibilidade de concessão de pensão por morte às pessoas do mesmo sexo, como o fez o Rio de Janeiro, ao elencá-las, por intermédio da Lei n. 5.260, de 11 de junho de 2008, como dependentes do segurado para efeito de concessão do benefício, foram compelidos a fazê-lo por força de decisões judiciais.

No que tange à questão previdenciária de companheiros de mesmo sexo em que um deles tenha sido servidor público, diversas são as decisões dos Tribunais concedendo o direito ao sobrevivente. A comprovação e reconhecimento de vida em comum destes "companheiros" levam à comparação, por analogia, à união estável, e a ausência de norma que ampare a situação de companheiros de mesmo sexo não impede aos juízes a concessão do direito, pois que devem decidir de acordo com a evolução da sociedade, que, muitas das vezes, não tem do legislador uma resposta em tempo real.[53]

Sendo que com a decisão proferida pelo Supremo Tribunal Federal, que deu interpretação conforme a Constituição Federal ao art. 1.723 do Código Civil, aliada à prolatada pelo Superior Tribunal de Justiça, em que se reconheceu a possibilidade de casamento entre pessoas do mesmo sexo, a situação restou consolidada, já que as Cortes erigiram a união entre pessoas do mesmo sexo à condição de união estável ou casamento, respectivamente, e por conseguinte reconheceram sua natureza de entidade familiar, nos termos fixados pela Legislação Civil brasileira.

Posicionamento este mantido no julgamento de casos semelhantes, ressaltando, inclusive, seus efeitos na esfera previdenciária, senão vejamos:

EMENTA: UNIÃO CIVIL ENTRE PESSOAS DO MESMO SEXO — ALTA RELEVÂNCIA SOCIAL E JURÍDICO-CONSTITUCIONAL DA QUESTÃO PERTINENTE ÀS UNIÕES HOMOAFETIVAS — LEGITIMIDADE CONSTITUCIONAL DO RECONHECIMENTO E QUALIFICAÇÃO DA UNIÃO ESTÁVEL HOMOAFETIVA COMO ENTIDADE FAMILIAR: POSIÇÃO CONSAGRADA NA JURISPRUDÊNCIA DO SUPREMO TRIBUNAL FEDERAL

---

(53) GUERRA, Sônia. *Previdência do servidor público e a gestão dos regimes próprios*. Rio de Janeiro: Lumen Juris, p. 78.

(ADPF 132/RJ E ADI 4.277/DF) — O AFETO COMO VALOR JURÍDICO IMPREGNADO DE NATUREZA CONSTITUCIONAL: A VALORIZAÇÃO DESSE NOVO PARADIGMA COMO NÚCLEO CONFORMADOR DO CONCEITO DE FAMÍLIA — O DIREITO À BUSCA DA FELICIDADE, VERDADEIRO POSTULADO CONSTITUCIONAL IMPLÍCITO E EXPRESSÃO DE UMA IDEIA-FORÇA QUE DERIVA DO PRINCÍPIO DA ESSENCIAL DIGNIDADE DA PESSOA HUMANA — ALGUNS PRECEDENTES DO SUPREMO TRIBUNAL FEDERAL E DA SUPREMA CORTE AMERICANA SOBRE O DIREITO FUNDAMENTAL À BUSCA DA FELICIDADE — PRINCÍPIOS DE YOGYAKARTA (2006): **DIREITO DE QUALQUER PESSOA DE CONSTITUIR FAMÍLIA, INDEPENDENTEMENTE DE SUA ORIENTAÇÃO SEXUAL OU IDENTIDADE DE GÊNERO — DIREITO DO COMPANHEIRO, NA UNIÃO ESTÁVEL HOMOAFETIVA, À PERCEPÇÃO DO BENEFÍCIO DA PENSÃO POR MORTE DE SEU PARCEIRO, DESDE QUE OBSERVADOS OS REQUISITOS DO ART. 1.723 DO CÓDIGO CIVIL** — O ART. 226, § 3º, DA LEI FUNDAMENTAL CONSTITUI TÍPICA NORMA DE INCLUSÃO — A FUNÇÃO CONTRAMAJORITÁRIA DO SUPREMO TRIBUNAL FEDERAL NO ESTADO DEMOCRÁTICO DE DIREITO — A PROTEÇÃO DAS MINORIAS ANALISADA NA PERSPECTIVA DE UMA CONCEPÇÃO MATERIAL DE DEMOCRACIA CONSTITUCIONAL — O DEVER CONSTITUCIONAL DO ESTADO DE IMPEDIR (E, ATÉ MESMO, DE PUNIR) "QUALQUER DISCRIMINAÇÃO ATENTATÓRIA DOS DIREITOS E LIBERDADES FUNDAMENTAIS" (CF, ART. 5º, XLI) — A FORÇA NORMATIVA DOS PRINCÍPIOS CONSTITUCIONAIS E O FORTALECIMENTO DA JURISDIÇÃO CONSTITUCIONAL: ELEMENTOS QUE COMPÕEM O MARCO DOUTRINÁRIO QUE CONFERE SUPORTE TEÓRICO AO NEOCONSTITUCIONALISMO — RECURSO DE AGRAVO IMPROVIDO. NINGUÉM PODE SER PRIVADO DE SEUS DIREITOS EM RAZÃO DE SUA ORIENTAÇÃO SEXUAL.

— Ninguém, absolutamente ninguém, pode ser privado de direitos nem sofrer quaisquer restrições de ordem jurídica por motivo de sua orientação sexual. Os homossexuais, por tal razão, têm direito de receber a igual proteção tanto das leis quanto do sistema político-jurídico instituído pela Constituição da República, mostrando-se arbitrário e inaceitável qualquer estatuto que puna, que exclua, que discrimine, que fomente a intolerância, que estimule o desrespeito e que desiguale as pessoas em razão de sua orientação sexual.

RECONHECIMENTO E QUALIFICAÇÃO DA UNIÃO HOMOAFETIVA COMO ENTIDADE FAMILIAR.

— O Supremo Tribunal Federal — apoiando-se em valiosa hermenêutica construtiva e invocando princípios essenciais (como os da dignidade da pessoa humana, da liberdade, da autodeterminação, da igualdade, do pluralismo, da intimidade, da não discriminação e da busca da felicidade) — reconhece assistir, a qualquer pessoa, o direito fundamental à orientação sexual, havendo proclamado, por isso mesmo, a plena legitimidade ético-jurídica da união homoafetiva como entidade familiar, atribuindo-lhe, em consequência, verdadeiro estatuto de cidadania, em ordem a permitir que se extraiam, em favor de parceiros homossexuais, relevantes consequências no plano do Direito, notadamente no campo previdenciário, e, também, na esfera das relações sociais e familiares.

— A extensão, às uniões homoafetivas, do mesmo regime jurídico aplicável à união estável entre pessoas de gênero distinto justifica-se e legitima-se pela direta incidência, dentre outros, dos princípios constitucionais da igualdade, da liberdade, da dignidade, da segurança jurídica e do postulado constitucional implícito que consagra o direito à busca da felicidade, os quais configuram, numa estrita dimensão que privilegia o sentido de inclusão decorrente da própria Constituição da República (art. 1º, III, e art. 3º, IV), fundamentos autônomos e suficientes aptos a conferir suporte legitimador à qualificação das conjugalidades entre pessoas do mesmo sexo como espécie do gênero entidade familiar.

— Toda pessoa tem o direito fundamental de constituir família, independentemente de sua orientação sexual ou de identidade de gênero. A família resultante da união homoafetiva não pode sofrer discriminação, cabendo-lhe os mesmos direitos, prerrogativas, benefícios e obrigações que se mostrem acessíveis a parceiros de sexo distinto que integrem uniões heteroafetivas.

A DIMENSÃO CONSTITUCIONAL DO AFETO COMO UM DOS FUNDAMENTOS DA FAMÍLIA MODERNA.

— O reconhecimento do afeto como valor jurídico impregnado de natureza constitucional: um novo paradigma que informa e inspira a formulação do próprio conceito de família. Doutrina.

DIGNIDADE DA PESSOA HUMANA E BUSCA DA FELICIDADE.

— O postulado da dignidade da pessoa humana, que representa — considerada a centralidade desse princípio essencial (CF, art. 1º, III) — significativo vetor interpretativo, verdadeiro valor-fonte que conforma e inspira todo o ordenamento constitucional vigente em nosso País, traduz, de modo expressivo, um dos fundamentos em que se assenta, entre nós, a ordem republicana e democrática consagrada pelo sistema de direito constitucional positivo. Doutrina.

— O princípio constitucional da busca da felicidade, que decorre, por implicitude, do núcleo de que se irradia o postulado da dignidade da pessoa humana, assume papel de extremo relevo no processo de afirmação, gozo e expansão dos direitos fundamentais qualificando-se, em função de sua própria teleologia, como fator de neutralização de práticas ou de omissões lesivas cuja ocorrência possa comprometer, afetar ou, até mesmo, esterilizar direitos e franquias individuais.

— Assiste, por isso mesmo, a todos, sem qualquer exclusão, o direito à busca da felicidade, verdadeiro postulado constitucional implícito, que se qualifica como expressão de uma ideia-força que deriva do princípio da essencial dignidade da pessoa humana. Precedentes do Supremo Tribunal Federal e da Suprema Corte americana. Positivação desse princípio no plano do direito comparado.

A FUNÇÃO CONTRAMAJORITÁRIA DO SUPREMO TRIBUNAL FEDERAL E A PROTEÇÃO DAS MINORIAS.

— A proteção das minorias e dos grupos vulneráveis qualifica-se como fundamento imprescindível à plena legitimação material do Estado Democrático de Direito.

— Incumbe, por isso mesmo, ao Supremo Tribunal Federal, em sua condição institucional de guarda da Constituição (o que lhe confere "o monopólio da última palavra" em matéria de interpretação constitucional), desempenhar função contramajoritária, em ordem a dispensar efetiva proteção às minorias contra eventuais excessos (ou omissões) da maioria, eis que ninguém se sobrepõe, nem mesmo os grupos majoritários, à autoridade hierárquico-normativa e aos princípios superiores consagrados na Lei Fundamental do Estado. Precedentes. Doutrina.[54]

Assim, consolida-se de vez o entendimento de que as uniões entre pessoas do mesmo sexo são consideradas como uma espécie de união estável, regulada pelo art. 1.723 do Código Civil, ensejando, assim, o reconhecimento do companheiro homoafetivo supérstite como beneficiário da pensão por morte, independentemente da edição de legislação específica que insira os companheiros homoafetivos como dependentes do segurado. Isto porque as legislações dos Regimes Próprios reconhecem o direito ao benefício de pensão por morte nos casos em que a entidade familiar seja composta por intermédio de uma união estável.

c) *Filho maior estudante universitário*

A maioria dos institutos de previdência, anteriormente à EC n. 20/1998, garantiam ao filho que atingisse os 21 (vinte e um) anos o benefício da pensão na condição de estudante universitário.[55]

Regra geral, estes benefícios persistiam até que o dependente completasse 24 (vinte e quatro) anos de idade ou concluísse o curso superior.

A edição da Emenda Constitucional n. 20/1998 foi acompanhada da publicação da Lei n. 9.717/1998, que, por sua vez, outorgou ao Ministério da Previdência o poder de orientação, supervisão e acompanhamento dos Regimes Próprios (art. 10).

Baseado no poder que lhe fora outorgado pela legislação infraconstitucional, o Ministério da Previdência editou a Orientação Normativa SPS n. 2, de 31 de março de 2009, já mencionada e combatida por se encontrar viciada tanto sob o aspecto da legalidade quanto de sua constitucionalidade.

E então, com base no ato administrativo viciado, os Regimes Próprios foram tacitamente coagidos a retirar de suas legislações a possibilidade de concessão da pensão por morte aos filhos maiores universitários, uma vez que no âmbito do Regime Geral não existe a possibilidade de concessão da pensão por morte aos

---

(54) STF. Ar em RExt n. 477.554-MG. Rel. Min. Celso de Mello. J. 16.8.2011.
(55) BRIGUET, Magadar Rosália Costa; VICTORINO, Maria Cristina Lopes; HORVATH JÚNIOR, Miguel. *Previdência social* — aspectos práticos e doutrinários dos regimes jurídicos próprios. São Paulo: Atlas, p. 221.

dependentes que, tendo rompido a barreira dos 21 (vinte e um) anos, sejam estudantes de nível superior.

A retirada do mundo jurídico da possibilidade de concessão do benefício nestes casos obrigatoriamente deve ser feita por intermédio de alteração legislativa. Fato este que enseja nova discussão, desta feita acerca da possibilidade de continuidade de pagamento do benefício a quem já o esteja recebendo, mas ainda não atingiu a idade de 21 (vinte e um) anos ou mesmo ingressou na Universidade, requisitos que somente serão preenchidos após a modificação do texto legal.

Nesse caso, estamos diante de uma situação em que a pessoa já se encontra em gozo do benefício, mas não preencheu todas as condições exigidas pela Lei para a sua manutenção, o que ocorrerá somente após a mudança legislativa.

É fato que para a Lei produzir direitos em favor de alguém, o pretenso beneficiário precisa preencher todos os requisitos por ela estabelecidos, ocasião em que se configurará o chamado direito adquirido.

Entenda-se que adquiridos são os direitos que já se incorporaram, definitivamente, ao patrimônio jurídico da pessoa, que já estão sendo exercidos ou que já podem ser exercidos.[56]

Em outros termos, o direito torna-se adquirido por consequência concreta e direta da norma jurídica ou pela ocorrência, em conexão com a imputação normativa, de fato idôneo, que gera a incorporação ao patrimônio e/ou à personalidade do sujeito.[57]

Na hipótese aventada, o beneficiário preenche somente parte dos requisitos nela previstos e vem usufruindo dos direitos a eles correspondentes.

Não há garantias de que o mesmo ingressará na Universidade antes de completar 21 (vinte e um) anos, em verdade sequer é possível assegurar que este fará um curso superior, consequência lógica disso é o afastamento da presença do direito adquirido e a caracterização de uma expectativa de direito.

Portanto, não se deve confundir direito adquirido com expectativa de direito. Esta é a mera possibilidade de aquisição de direito, que, dependendo da implementação de certas circunstâncias, ainda não se consumou.[58]

O Supremo Tribunal Federal, acerca do tema, assim se manifesta:

EMENTA: RECURSO EXTRAORDINÁRIO — CONVERSÃO DOS BENEFÍCIOS PREVIDENCIÁRIOS, EM URV, COM BASE NA MÉDIA DO VALOR NOMINAL — LEGITIMIDADE

---

(56) VENOSA, Sílvio de Salvo. *Introdução ao estudo do direito*. 3. ed. São Paulo: Atlas, p. 105.
(57) NUNES, Rizzatto. *Manual de introdução ao estudo do direito*. 10. ed. São Paulo: Saraiva, p. 269.
(58) *Idem*.

CONSTITUCIONAL DA EXPRESSÃO "NOMINAL" CONSTANTE DO ART. 20, I, DA LEI N. 8.880/1994 — RECURSO DE AGRAVO IMPROVIDO. CONVERSÃO, EM URV, DE BENEFÍCIOS PREVIDENCIÁRIOS — VALIDADE CONSTITUCIONAL DO DIPLOMA LEGISLATIVO QUE A INSTITUIU (LEI N. 8.880/1994, ART. 20, I). — A norma inscrita no art. 20, inciso I, da Lei n. 8.880/1994 — que determinou a conversão, em URV, dos benefícios mantidos pela Previdência Social, com base na média do valor nominal vigente nos meses de novembro e dezembro de 1993 e de janeiro e fevereiro de 1994 — não transgride os postulados constitucionais da irredutibilidade do valor dos benefícios previdenciários (CF, art. 194, parágrafo único, n. IV) e da intangibilidade do direito adquirido (CF, art. 5º, XXXVI). Precedente: RE 313.382/SC (Pleno). A INTERVENÇÃO DO LEGISLADOR NA DEFINIÇÃO DO VALOR REAL DOS BENEFÍCIOS PREVIDENCIÁRIOS. — A manutenção, em bases permanentes, do valor real dos benefícios previdenciários tem, no próprio legislador — e neste, apenas —, o sujeito concretizante das cláusulas fundadas no art. 194, parágrafo único, n. IV, e no art. 201, § 4º (na redação dada pela EC n. 20/1998), ambos da Constituição da República, pois o reajustamento de tais benefícios, para adequar-se à exigência constitucional de preservação de seu *quantum*, deverá conformar-se aos critérios exclusivamente definidos em lei. — O sistema instituído pela Lei n. 8.880/1994, ao dispor sobre o reajuste quadrimestral dos benefícios mantidos pela Previdência Social, não vulnerou a exigência de preservação do valor real de tais benefícios, eis que a noção de valor real — por derivar da estrita observância dos "critérios definidos em lei" (CF, art. 201, § 4º, *in fine*) — traduz conceito eminentemente normativo, considerada a prevalência, na matéria, do princípio da reserva de lei. O PRINCÍPIO CONSTITUCIONAL DA RESERVA DE LEI FORMAL TRADUZ LIMITAÇÃO AO EXERCÍCIO DA ATIVIDADE JURISDICIONAL DO ESTADO. A reserva de lei constitui postulado revestido de função excludente, de caráter negativo, pois veda, nas matérias a ela sujeitas, quaisquer intervenções normativas, a título primário, de órgãos estatais não legislativos. Essa cláusula constitucional, por sua vez, projeta-se em uma dimensão positiva, eis que a sua incidência reforça o princípio, que, fundado na autoridade da Constituição, impõe, à administração e à jurisdição, a necessária submissão aos comandos estatais emanados, exclusivamente, do legislador. — Não cabe, ao Poder Judiciário, em tema regido pelo postulado constitucional da reserva de lei, atuar na anômala condição de legislador positivo (RTJ 126/48 — RTJ 143/57 — RTJ 146/461-462 — RTJ 153/765 — RTJ 161/739-740 — RTJ 175/1137, *v. g.*), para, em assim agindo, proceder à imposição de seus próprios critérios, afastando, desse modo, os fatores que, no âmbito de nosso sistema constitucional, só podem ser legitimamente definidos pelo Parlamento. É que, se tal fosse possível, o Poder Judiciário — que não dispõe de função legislativa — passaria a desempenhar atribuição que lhe é institucionalmente estranha (a de legislador positivo), usurpando, desse modo, no contexto de um sistema de poderes essencialmente limitados, competência que não lhe pertence, com evidente transgressão ao princípio constitucional da separação de poderes. **DIREITO ADQUIRIDO E CICLO DE FORMAÇÃO. A questão pertinente ao reconhecimento, ou não, da consolidação de situações jurídicas definitivas há de ser examinada em face dos ciclos de formação a que esteja eventualmente sujeito o processo de aquisição de determinado direito. Isso significa que a superveniência de ato legislativo, em tempo oportuno — vale dizer, enquanto ainda não concluído o ciclo de formação e constituição do direito vindicado — constitui fator capaz**

**de impedir que se complete, legitimamente, o próprio processo de aquisição do direito** (RTJ 134/1112 — RTJ 153/82 — RTJ 155/621 — RTJ 162/442, v. g.), inviabilizando, desse modo, ante a existência de mera *spes juris*, a possibilidade de útil invocação da cláusula pertinente ao direito adquirido.[59]

Alguns Tribunais Pátrios não comungam do mesmo entendimento, como é o caso do Tribunal de Justiça do Estado de Mato Grosso, senão vejamos:

> RECURSO DE AGRAVO DE INSTRUMENTO — PRELIMINAR — INTEMPESTIVIDADE RECURSAL REJEITADA — MÉRITO — AÇÃO PREVIDENCIÁRIA — PENSÃO POR MORTE — PRORROGAÇÃO ATÉ OS 24 ANOS — ESTUDANTE EM CURSO SUPERIOR — APLICAÇÃO DA SÚMULA N. 340 DO STJ — REGRAMENTO VIGENTE À DATA DO ÓBITO DO SERVIDOR — LEI COMPLEMENTAR N. 4/1990 — DEFERIMENTO DA TUTELA ANTECIPADA — PRESENÇA DOS REQUISITOS AUTORIZADORES — DECISÃO MANTIDA — RECURSO DESPROVIDO.
>
> Deve ser afastada a preliminar intempestividade recursal, quando há prova nos autos de que o recurso foi interposto dentro do prazo correto.
>
> Nos termos da Súmula n. 340 do STJ, para a concessão do benefício de pensão previdenciária por morte, rege a lei vigente à época do óbito do segurado.
>
> De acordo com a antiga redação do art. 245, II, *a* da Lei Complementar Estadual n. 4/1990, o direito à pensão pelo filho de servidor falecido permanece até os 24 (vinte e quatro) anos de idade, se estudante de curso superior.[60]

Para esta Corte de 2ª Instância, mesmo que os requisitos para a manutenção do benefício sejam preenchidos posteriormente à revogação da Lei, esta continuará a produzir efeitos permitindo a manutenção do benefício, uma vez que a pensão por morte tem sua concessão regulada pela lei em vigor na data do óbito do segurado.

Seguindo o posicionamento da Corte Suprema, o Superior Tribunal de Justiça não coaduna com tal entendimento, posicionando-se no seguinte sentido:

> RECURSO ESPECIAL. PENSÃO POR MORTE. LIMITE DE IDADE. PRORROGAÇÃO. REQUISITOS NÃO PREENCHIDOS. DIREITO ADQUIRIDO AUSENTE.
>
> I — A Lei Complementar Estadual n. 109/1997 estabelecia que a idade limite para fins de reconhecimento da qualidade de dependente — que era de 21 anos — poderia ser prorrogada até os 24 anos, desde que este comprovasse ausência de atividade remunerada e estar cursando ensino superior.
>
> II — Com a edição da Lei Federal n. 9.717/1998, editada no âmbito da legislação concorrente, que vedou aos entes políticos conceder benefícios não previstos no

---

(59) RE 322348 AgR/SC — 2ª T. Rel. Min. Celso de Mello. J. 12.11.2002. DJ 6.12.2002.
(60) TJMT. 3ª TC. AI n. 122544/2010 — Classe CNJ — 202 — Comarca Capital. Rel. Des. José Tadeu Cury. J. 22.2.2011.

Regime Geral de Previdência Social, a recorrida — apesar de estar cursando ensino superior e não exercer atividade remunerada — ainda não tinha cumprido o requisito mínimo de idade (21 anos) para fazer jus à prorrogação do benefício, tendo apenas expectativa de direito.

Recurso Especial provido.[61]

ADMINISTRATIVO. RECURSO ESPECIAL. PENSÃO POR MORTE. LIMITE DE IDADE. PRORROGAÇÃO. REQUISITOS NÃO PREENCHIDOS. AUSÊNCIA DE DIREITO ADQUIRIDO. RECURSO CONHECIDO E PROVIDO.

1. A Lei Federal n. 9.717, de 27.11.1998, editada no âmbito da legislação concorrente, vedou à União, aos Estados, ao Distrito Federal e aos Municípios, nos seus regimes próprios de previdência, a concessão de benefícios distintos dos previstos no Regime Geral de Previdência Social.

2. Não há, no RGPS, previsão legal de extensão da pensão por morte até os 24 anos de idade para os estudantes universitários.

3. Se o dependente do segurado, ao tempo da edição da Lei n. 9.717/1998, ainda não havia reunido todos os requisitos previstos em lei estadual para receber a pensão por morte até os 24 anos de idade, não possui direito adquirido ao benefício e a sua concessão fere o disposto na mencionada lei federal. Precedente do STJ.

4. Recurso especial conhecido e provido para denegar a segurança.[62]

Portanto, nas Cortes Altas, predomina o entendimento de que uma vez revogada a Lei sem que o beneficiário tenha preenchido os requisitos para a continuidade da percepção da pensão por morte, não há que se falar em direito adquirido.

### 5.3. PROVENTOS

A Constituição Federal, após as reformas promovidas em seu texto pela Emenda Constitucional n. 41/2003, definiu o cálculo das pensões por morte no âmbito dos RPPSs da seguinte forma:

Art. 40.

(...)

§ 7º Lei disporá sobre a concessão do benefício de pensão por morte, que será igual:

---

(61) REsp 904.350/ES, Rel. Min. Felix Fischer, Quinta Turma, DJe 31.3.2008.
(62) REsp 846902/ES, Rel. Min. Arnaldo Esteves Lima, Quinta Turma, DJe 20.10.2008.

I — ao valor da totalidade dos proventos do servidor falecido, até o limite máximo estabelecido para os benefícios do regime geral de previdência social de que trata o art. 201, acrescido de setenta por cento da parcela excedente a este limite, caso aposentado à data do óbito; ou

II — ao valor da totalidade da remuneração do servidor no cargo efetivo em que se deu o falecimento, até o limite máximo estabelecido para os benefícios do regime geral de previdência social de que trata o art. 201, acrescido de setenta por cento da parcela excedente a este limite, caso em atividade na data do óbito.

Portanto, os proventos decorrentes do óbito de um segurado possuem duas formas de cálculo.

A primeira, naqueles casos em que a remuneração ou os proventos do *de cujus* eram inferiores ao limite máximo do salário de benefício vigente no Regime Geral de Previdência, na data do óbito do segurado, hipótese em que os proventos alusivos à pensão por morte serão integrais.

E a segunda, quando a remuneração ou os proventos do segurado forem superiores ao supramencionado limite máximo, ocasião em que os proventos relativos à pensão serão integrais até o dito limite e do valor excedente serão pagos apenas 70% (setenta por cento).

Ou seja, neste caso o valor a ser recebido pelos beneficiários corresponderá ao somatório do limite máximo e do percentual relativo ao excedente.

O fundamento para exigir um desconto de 30% para o cálculo da pensão e não pagá-la com o porcentual de 100% é o fato de que diminuem os gastos na família do segurado com sua morte. Existem, porém, vários tipos de família. Se a família é numerosa, a diminuição de uma pessoa da família não altera a necessidade de receber a pensão integral, principalmente porque muitos benefícios têm baixo valor. É o que ocorre com as famílias de mais de cinco pessoas.[63]

### 5.3.1. Início da vigência da nova forma de cálculo

A Emenda Constitucional n. 41/2003 foi promulgada em 19 de dezembro de 2003 e publicada somente em 31 de dezembro do mesmo ano, portanto, sua vigência iniciou-se em 1º de janeiro de 2004.

É importante ressaltar que a nova regra para cálculo das pensões aplica-se aos dependentes do servidor que falecer a partir do dia seguinte à entrada em vigor da EC n. 41/2003, mesmo que o servidor tenha se aposentado ou adquirido o direito à aposentadoria sob a égide das normas anteriores à publicação da Reforma. Assim, a regra do art. 40, § 7º, incide sobre todas as pensões cujo óbito do servidor ocorrer

---

(63) MARTINS, Sergio Pinto. *Reforma previdenciária*. São Paulo: Atlas, p. 139.

no dia seguinte ao da vigência da EC n. 41/2003 (1º.1.2004), mesmo para falecimento dos servidores atualmente aposentados. Aplicam-se os dispositivos antigos para as pensões cujo óbito ocorrer até o dia de início de vigência da Emenda (31.12.2003), mesmo que o requerimento seja posterior, pois o direito ao benefício estará assegurado, garantido, pelo preenchimento dos requisitos, independentemente de pleito administrativo.[64]

Então, teoricamente, a nova forma de cálculo dos proventos correspondentes à pensão por morte deveria ter início a contar dessa data.

Contudo, este não foi o entendimento que predominou no âmbito de nosso ordenamento jurídico, pois novamente o governo federal, ao regulamentar o teor da referida Emenda, optou por emprestar eficácia limitada a uma norma constitucional de eficácia plena.

Em 20 de fevereiro de 2004, foi editada a Medida Provisória n. 167, regulamentando vários aspectos da reforma, cujo texto continha a reprodução dos ditames do novo § 7º do art. 40 da Carta Maior.

O texto da Medida Provisória foi além ao estabelecer que as regras relativas ao cálculo das pensões aplicar-se-iam aos benefícios cujo óbito ocorresse posteriormente à sua publicação (art. 2º).

A partir de então e sob o argumento de que o referido parágrafo constitucional estabelece que *lei disporá sobre a concessão de pensão por morte*, o Executivo Federal transformou o dispositivo constitucional em norma de eficácia limitada.

Os Tribunais brasileiros acompanharam esse entendimento, manifestando-se no seguinte sentido:

AGRAVO DE INSTRUMENTO. ANTECIPAÇÃO DE TUTELA. PENSÃO INTEGRAL. EMENDA CONSTITUCIONAL N. 41/2003. LIMITADOR. INAPLICABILIDADE. A Emenda Constitucional que modificou, entre outros, o art. 37 da Constituição Federal, introduzindo limitador no valor da pensão integral de beneficiária de ex-servidor público, não é autoaplicável, pressupondo a edição de lei estadual modificando o benefício.

Totalidade dos vencimentos ou proventos do servidor falecido com expressa previsão na Constituição Estadual.

Agravo provido. Concedido o provimento antecipatório.[65]

Posteriormente, com a conversão da Medida Provisória na Lei n. 10.887/2004, cometeu-se o mesmo equívoco, pois restou estabelecido que as novas regras de cálculo das pensões seriam aplicadas aos óbitos ocorridos a partir da edição do referido diploma legal, ou seja, 18 de junho de 2004.

---

(64) IBRAHIM, Fábio Zambitte; TAVARES, Marcelo Leonardo; VIEIRA, Marco André Ramos. *Comentários à reforma da previdência*. Niterói: Impetus, p. 25-26.
(65) TJRS. 21ª CC. AI n. 70008679185. Rel. Des. Marco Aurélio Heinz.

Ocorre que o dito entendimento, em que pese sua inserção no texto legal corroborada pelos ínclitos magistrados brasileiros, não compactua com o sistema jurídico pátrio.

Isto porque a nova redação do § 7º do art. 40 da Constituição Federal, inserida pela Emenda Constitucional n. 41/2003, ao exigir a edição de lei, o fez apenas para a regulamentação dos critérios e requisitos para a concessão do benefício.

A forma de cálculo das pensões restou cristalina no Texto Maior, não exigindo qualquer regulamentação para sua aplicação imediata.

As normas de eficácia limitada são aquelas que apresentam aplicabilidade indireta, mediata e reduzida, porque somente incidem totalmente sobre esses interesses após uma normatividade ulterior que lhes desenvolva a aplicabilidade.[66]

No caso do dispositivo regulador das pensões por morte, especificamente no que tange ao cálculo dos proventos, não se vislumbra qualquer exigibilidade de edição de norma infraconstitucional que tenha o condão de garantir a plenitude de sua aplicabilidade.

Tanto é assim, que os dois diplomas legais editados no âmbito federal limitaram-se a reproduzir o texto constitucional.

Portanto, é perfeitamente razoável a dedução de que o novo critério de cálculo da pensão por morte é autoaplicável, visto não necessitar de nenhuma integração legislativa. É de reparar que a referência a lei feita pela parte inicial do § 7º do art. 40 da Constituição Federal é para a determinação dos critérios de concessão da pensão por morte, ou seja, relação dos dependentes com direito ao benefício; quais são os casos de pensão temporária e de pensão definitiva; data de início do benefício etc. Quanto ao valor da pensão por morte não, há mais nada a ser acrescentado. Tanto é verdade que o art. 2º da Medida Provisória n. 167/2004, convertida na Lei n. 10.887/2004, que trata do critério de cálculo da pensão por morte dos servidores titulares de cargo efetivo e dos aposentados da União, dos Estados, do Distrito Federal e dos Municípios, apenas repete os termos do citado § 7º do art. 40 da Constituição Federal.[67]

Não se pode deixar de mencionar que alguns Tribunais brasileiros entendem que, por força do disposto no art. 3º da Emenda Constitucional n. 41/2003, os proventos referentes à pensão por morte serão integrais quando forem decorrentes de óbito de segurado que já se encontrava aposentado antes da vigência da citada Emenda, mesmo que o falecimento tenha ocorrido após a publicação desta. Nesse sentido:

EMENTA. MANDADO DE SEGURANÇA. DECISÃO ADMINISTRATIVA QUE NEGA REVISÃO AO BENEFÍCIO DA PENSÃO POR MORTE DEVIDO À VIÚVA DE PROMOTOR.

---

(66) MORAES, Alexandre de. *Constituição do Brasil interpretada e legislação constitucional.* São Paulo: Atlas, p. 105.
(67) DIAS, Eduardo Rocha; MACÊDO, José Leandro Monteiro de. *A nova previdência social do servidor público* (de acordo com a Emenda Constitucional n. 41/2003). São Paulo: Letra Legal, p. 129-130.

PENSÃO DECORRENTE DE PROVENTOS INTEGRAIS ADQUIRIDOS EM APOSENTAÇÃO CONSUMADA ANTES DA VIGÊNCIA DA EC N. 41/2003. DIREITO QUE SE TRANSMITE À PENSÃO DEVIDA AO CÔNJUGE EM DECORRÊNCIA DA PROJEÇÃO DOS EFEITOS DO ART. 3º DA EC N. 41/2003. CONCESSÃO DA SEGURANÇA QUE SE IMPÕE.

A interpretação sistemática das normas constitucionais com relação à aposentadoria de servidor público, assim como da pensão por morte respectiva, deve levar em consideração os artigos extravagantes contidos na EC n. 41/2003, em especial o art. 3º, que estabelece ressalva específica para o servidor que na data de sua entrada em vigor já se encontrava aposentado ou havia preenchido todos os requisitos para receber o benefício integral.

Nos termos do art. 3º da EC n. 41/2003, ao benefício de aposentadoria ou pensão por morte de promotor que à época da entrada em vigor da referida emenda tenha cumprido todos os requisitos para obtenção do benefício integral não se aplica a regra geral, segundo a qual o fato gerador do direito é a morte e a lei aplicável é aquela em vigor quando de sua ocorrência (Súmula n. 340 do STJ).

O pensionista de servidor público falecido após a entrada em vigor da EC n. 41/2003 tem direito de obter pensão vitalícia em valores iguais aos devidos ao titular, em razão da projeção do direito ao recebimento da pensão integral, conforme a ressalva prevista no art. 3º da referida Emenda.

A pensão por morte recebida por viúva de promotor está umbilicalmente ligada aos proventos por ele recebidos com base no subsídio integral decorrente do preenchimento dos requisitos constitucionais antes da vigência da EC n. 41/2003, por isso mesmo o benefício da pensão por morte deve corresponder aos proventos de aposentadoria consoante a ressalva contida no art. 3º da EC n. 41/2003.[68]

O referido entendimento toma por base o conteúdo do *caput* do art. 3º, *in verbis*:

Art. 3º É assegurada a concessão, a qualquer tempo, de aposentadoria aos servidores públicos, bem como pensão aos seus dependentes, que, até a data de publicação desta Emenda, tenham cumprido todos os requisitos para obtenção desses benefícios, com base nos critérios da legislação então vigente.

Mas não é o entendimento predominante na estrutura judiciária brasileira, em que prevalece o posicionamento no sentido de que para efeitos de concessão de pensão aplica-se a legislação em vigor na data do óbito do segurado, portanto, no caso de óbitos ocorridos posteriormente à edição do novo texto constitucional e correspondente legislação infraconstitucional devem ser observados os novos textos legais.

### 5.3.2. Reajuste

A série de reformas promovidas nos Regimes Próprios nos últimos anos ensejou a possibilidade de que os proventos decorrentes da pensão por morte, hoje vigentes, contassem com duas formas de reajuste.

---

(68) TJMS. Órgão Especial. MS n. 2009.027625-9/0000-00 — Capital. Rel. Des. Rêmolo Letteriello. J. 6.10.2010.

A primeira consistente na chamada paridade, na qual, em sendo concedidos reajustes às remunerações dos servidores em atividade, mesmo que estes decorram da transformação ou reclassificação de um cargo, haverá sua extensão aos beneficiários da pensão.

O sistema de reajustes paritários aplica-se aos benefícios concedidos antes do advento da Emenda Constitucional n. 41/2003 ou mesmo àqueles casos em que o óbito tenha ocorrido antes do advento da referida Emenda, conforme apregoa o art. 7º do texto reformador.

Há de se destacar que o entendimento jurisprudencial minoritário, anteriormente mencionado, acerca da aplicabilidade do art. 3º da Emenda Constitucional n. 41/2003, pode ser estendido à isonomia de proventos.

Pois o § 2º do mesmo art. 3º assim estabelece:

§ 2º Os proventos da aposentadoria a ser concedida aos servidores públicos referidos no *caput*, em termos integrais ou proporcionais ao tempo de contribuição já exercido até a data de publicação desta Emenda, bem como as pensões de seus dependentes, serão calculados de acordo com a legislação em vigor à época em que foram atendidos os requisitos nela estabelecidos para a concessão desses benefícios ou nas condições da legislação vigente.

Destacando-se, aqui, também, que o seu respaldo será minoritário frente ao argumento de que o benefício é regulado pela Lei em vigor na data do óbito do segurado.

Aplica-se, ainda, a paridade nos casos de pensões por morte concedidas aos beneficiários de segurados falecidos que, por ocasião de seu óbito, encontravam-se aposentados com base no art. 3º da Emenda Constitucional n. 47/2005, conforme estabelece o parágrafo único do mesmo artigo. Aplica-se ainda, a paridade nos casos de pensões por morte concedidas aos beneficiários de segurados falecidos que, por ocasião de seu óbito, encontravam-se aposentados com base no art. 3º da Emenda Constitucional n. 47/2005, conforme estabelece o parágrafo único do mesmo artigo.

Paridade esta, também, estendida aos beneficiários do falecido que ingressou no serviço público antes do advento da Emenda Constitucional n. 41/2003, e, estava aposentado por invalidez no momento de seu óbito, conforme estabelece a Emenda Constitucional n. 70/2012.

Com a edição da Emenda Constitucional n. 41/2003, a garantia de preservação do valor real dos proventos e pensões veio suceder a paridade, extinta para a generalidade das aposentadorias e pensões.[69]

---

(69) TEIXEIRA, Flávio Germano de Sena. *O controle das aposentadorias pelos tribunais de contas*. Belo Horizonte: Fórum, p. 99.

A preservação do valor real do benefício consiste no reajustamento periódico de seu valor com o objetivo de resgatar-lhe o poder de compra, cabendo à legislação infraconstitucional a definição desta periodicidade e do índice a ser aplicado.

A partir de então, os proventos de aposentadoria e pensão somente passam a ser reajustados com o objetivo de devolver aos aposentados e pensionistas suas perdas, ou seja, o decréscimo inflacionário, sempre conforme os critérios que a lei vier a definir.[70]

É preciso destacar, também, que o entendimento, anteriormente mencionado, de que a nova fórmula de cálculo dos proventos alusivos às pensões por morte somente passou a viger após o advento da Medida Provisória n. 167/2004 pode ser estendido à questão da isonomia dos proventos.

Ou seja, naqueles casos em que o óbito tenha ocorrido após a publicação da Emenda Constitucional n. 41/2003 e antes da edição da Medida Provisória n. 167/2004, ou seja, entre 1º.1.2004 e 19.2.2004, há de prevalecer a aplicabilidade do princípio da isonomia.

O entendimento em questão reside no fato de o dispositivo constitucional exigir a edição de norma infraconstitucional estabelecendo os critérios que seriam utilizados para a preservação do valor real do benefício. Os quais, salvo raríssimas exceções, não se encontravam devidamente delimitados pelos Regimes Próprios, até porque não havia norma geral que tratasse do tema.

Somente com a edição da Medida Provisória n. 167/2004 estabeleceu-se que a data do reajuste dos proventos nos Regimes Próprios dar-se-ia na mesma data do INSS e que caberia a cada Ente Federado definir o índice inflacionário que representaria as perdas inflacionárias do período e no caso de omissão legislativa, seria aplicado o INPC (Índice Nacional de Preços ao Consumidor), que é utilizado pelo Regime Geral.

Desta forma, pode-se concluir que terão direito à paridade as aposentadorias e pensões concedidas até 19.2.2004, nelas incluídas as pensões por falecimento do servidor em atividade.[71]

A Medida Provisória n. 167/2004 foi convertida na Lei n. 10.887/2004, que, por sua vez, em sua redação original estabeleceu, no art. 15, como data de reajuste dos proventos no âmbito do Regime Próprio a mesma data em que houvesse o reajuste do Regime Geral, deixando para o Ente Federado o índice a ser utilizado, conforme já mencionado.

Contudo, em 2008, a Medida Provisória n. 431, convertida na Lei n. 11.784, do mesmo ano, mudou esta sistemática e impôs aos Regimes Próprios que a partir de janeiro os proventos devam ser reajustados na mesma data e pelo mesmo índice de reajuste aplicado no âmbito do Regime Geral.

---

(70) MARTINS, Bruno Sá Freire. *Direito constitucional previdenciário do servidor público*. São Paulo: LTr, p. 33.
(71) DINIZ, Paulo de Matos Ferreira. A paridade entre os servidores públicos e suas consequências com a reforma da previdência e do PAC. *Revista Fórum Administrativo*, ano 7, n. 72, p. 37-43.

Novamente, aqui, o Governo Federal usurpa a competência legislativa que lhe fora outorgada pela Constituição Federal e avança sobre a autonomia dos Entes Federados, excluindo a possibilidade de seu exercício.

Daí a Medida Provisória que promoveu a primeira alteração no art. 15 da Lei n. 10.887/2004 ter sido objeto de questionamento junto à Corte Suprema que, infelizmente, foi julgado, em decisão monocrática, prejudicado, nos seguintes termos:

DECISÃO: O Partido Popular Socialista — PPS propôs ação direta, com pedido de medida cautelar, objetivando a declaração de inconstitucionalidade do disposto no art. 171 da Medida Provisória n. 431, de 14 de maio de 2008.

2. O texto normativo impugnado tem o seguinte teor:

Art. 171. O art. 15 da Lei n. 10.887, de 18 de junho de 2004, passa a vigorar com a seguinte redação:

Art. 15. Os proventos de aposentadoria e as pensões de que tratam os §§ 3º e 4º do art. 40 da Constituição Federal e art. 2º da Emenda Constitucional n. 41, de 29 de dezembro de 2000, nos termos dos arts. 1º e 2º desta Lei, serão atualizados, a partir de janeiro de 2008, nas mesmas datas e índices utilizados para fins dos reajustes dos benefícios do regime geral de previdência social.

3. O requerente alega que o preceito atacado viola o "princípio da paridade" estabelecido pelas Emendas Constitucionais ns. 41/2003 e 47/2005.

4. Sustenta que o texto normativo atacado seria "plenamente constitucional quanto à sua aplicação aos servidores que ingressaram no serviço público após o dia 31 de dezembro de 2003", mas que, em relação aos servidores abrangidos pela regra da paridade, ou seja, aqueles que ingressaram no serviço público antes do dia 31 de dezembro de 2003, o índice de reajuste estabelecido pelo art. 171 da MP n. 431/2008 seria inconstitucional.

5. Requer a suspensão cautelar do preceito impugnado "para todos os servidores que ingressaram no serviço público antes do dia 31 de dezembro de 2003" e, ao final, a declaração de inconstitucionalidade sem redução de texto do art. 171 da MP n. 431/2008.

6. Determinei, nos termos da decisão de fl. 38, fosse aplicada ao caso a regra do art. 12 da Lei n. 9.868/1999.

7. O Presidente da República prestou informações às fls. 47/71, sustentando que a melhor interpretação do texto constitucional leva à conclusão de que as Emendas Constitucionais ns. 41/2003 e 47/2005 teriam extinguido não só a integralidade dos proventos e das pensões, mas também da paridade entre estes e a remuneração do servidor em atividade.

8. O Advogado-Geral da União manifestou-se pela improcedência do pedido, pois as regras de transição decorrentes das EC ns. 41/2003 e 47/2005 não consubstanciam direito adquirido, mas mera expectativa de direito [fls. 73/85].

9. O Procurador-Geral da República opinou pelo reconhecimento da prejudicialidade da ação [fls. 137/139].

10. É o relatório. Decido.

11. Transcrevo trecho do parecer do Procurador-Geral da República:

[...]

3. Afirma-se na inicial que "necessário se faz declarar a inconstitucionalidade do art. 171 da Medida Provisória n. 431/08 em relação aos servidores abrangidos pela regra da paridade, insculpida no art. 7º da Emenda Constitucional n. 41/2003 e art. 2º da Emenda Constitucional n. 47/2005, ou seja, àqueles que ingressaram no serviço público antes do dia 31 de dezembro de 2003" (fl. 6 — grifado).

4. A MP em questão, posteriormente às informações e à manifestação do Advogado-Geral da União, foi convertida na Lei n. 11.784, de 22 de setembro de 2008, ocasião em que o dispositivo passou a ter a seguinte redação:

Art. 171. O art. 15 da Lei n. 10.887, de 18 de junho de 2004, passa a vigorar com a seguinte redação:

Art. 15. Os proventos de aposentadoria e as pensões de que tratam os arts. 1º e 2º desta Lei serão reajustados, a partir de janeiro de 2008, na mesma data e índice em que se der o reajuste dos benefícios do regime geral de previdência social, ressalvados os beneficiados pela garantia de paridade de revisão de proventos de aposentadoria e pensões de acordo com a legislação vigente (grifado)

5. Como se constata, o dispositivo em questão sofreu alteração substancial em seu conteúdo, diretamente relacionada a aspecto central em que se baseia a pretensão de inconstitucionalidade, o que revela o prejuízo da ação.

12. O preceito impugnado sofreu alteração substancial, o que acarreta a perda do objeto da ação direta.

13. A jurisprudência do Supremo Tribunal Federal é no sentido de que "[a] revogação superveniente do ato estatal impugnado faz instaurar situação de prejudicialidade que provoca a extinção anômala do processo de fiscalização abstrata de constitucionalidade, eis que a ab-rogação do diploma normativo questionado opera, quanto a este, a sua exclusão do sistema de direito positivo, causando, desse modo, a perda ulterior de objeto da própria ação direta, independentemente da ocorrência, ou não, de efeitos residuais concretos" [ADI n. 1.442, Relator o Ministro Celso de Mello, DJ 29.4.2005]. No mesmo sentido: a ADI n. 2.196, Relator o Ministro Joaquim Barbosa,

DJ 22.3.2005; a ADI n. 1.920, de que fui relator, DJ 2.2.2007; a ADI n. 3.831, Relatora a Ministra Cármen Lúcia, DJ 24.8.2007; a ADI n. 2.440, Relator o Ministro Ricardo Lewandowski, DJe 27.3.2008; e a ADI n. 3.209, Relatora a Ministra Cármen Lúcia, DJe 27.3.2008.

Julgo prejudicada a presente ação direta de inconstitucionalidade em razão da perda superveniente de seu objeto.

Arquivem-se os autos.

Publique-se.[72]

Portanto, por uma questão processual não foi possível que o Supremo Tribunal Federal apreciasse o mérito da causa e por conseguinte constatasse a presença ou não de ofensa à autonomia legislativa outorgada aos Entes Federados pela Carta Maior.

Posteriormente, no ano de 2011, o Governador do Estado do Rio Grande do Sul propôs Ação Direta de Inconstitucionalidade, autuada no Supremo Tribunal Federal, sob o n. 4.582, pleiteando liminarmente a suspensão da eficácia da nova redação do referido art. 15, sob o argumento de que o dispositivo em questão ofende a autonomia legislativa dos Entes Federados e os princípios do equilíbrio atuarial e financeiro dos RPPSs na medida em que a União impõe aos demais integrantes da Federação índices e datas de reajustes aos aposentados e pensionistas das demais Unidades da Federação.

O Supremo Tribunal Federal, por sua vez, reconhecendo a usurpação da competência legislativa da União, prevista no art. 24 da Carta Maior, deferiu, por unanimidade, a medida cautelar pleiteada, e suspendeu os efeitos do dispositivo infraconstitucional.

Hoje, então, compete a cada Regime Próprio definir seu índice de reajuste dos proventos de aposentadoria e pensão de seus segurados e somente no caso de sua omissão é que deve ser aplicada a regra estabelecida para o Regime Geral de Previdência Social.

### 5.4. APLICAÇÃO DA LEGISLAÇÃO

Os Regimes Próprios também observam, para a concessão da pensão por morte, a legislação em vigor na data do óbito do segurado, conforme apregoa a Súmula n. 340 do Superior Tribunal de Justiça, anteriormente transcrita.

---

(72) STF. ADIN n. 4.096. Decisão Monocrática. Rel. Min. Eros Grau. DJe-39 divulg. 27.2.2009 public. 2.3.2009.

# Capítulo VI

# *A Pensão por Morte no Militarismo*

A pensão decorrente da morte de militares, sejam federais ou estaduais, foi regulada de forma bastante diferenciada durante os 23 anos de existência da Carta Magna, conforme demonstrado no Capítulo II.

A atual redação da Constituição Federal dispõe superficialmente acerca da pensão por morte para os dependentes dos militares estaduais, em seu art. 42, alcançando nestes casos os policiais e bombeiros militares.

Isto porque, em face das profundas alterações que foram promovidas para os civis, com a reforma de 2003, em especial no que tange ao cálculo dos proventos de pensão e sua paridade com os recebidos pelos que se encontram em atividade, o legislador constituinte derivado optou por deixar a cargo da legislação infraconstitucional a regulamentação do benefício.

Daí a redação atual do § 2º do referido artigo integrante do Texto Maior estabelecer que a pensão por morte decorrente do falecimento de militares observará o estabelecido em Lei específica do Ente estatal.

No caso dos militares federais, ou seja, dos integrantes das Forças Armadas (Marinha, Exército e Aeronáutica), a situação é pior ainda, já que a Carta Maior sequer faz alusão ao benefício de pensão por morte, possuindo este autorização cons-titucional para sua existência e concessão, em razão da orientação genérica contida no inciso X, § 3º, do art. 142 da Constituição Federal, acerca de seus direitos, deveres, prerrogativas e outras situações especiais, consideradas as peculiaridades de suas atividades.

A verdade é que o legislador constituinte tanto originário quanto derivado jamais encarou a questão do regime previdenciário dos militares como o fez com os civis, deixando sempre ao alvedrio da norma infraconstitucional a regula-mentação da questão, resumindo-se a exigir a observância de determinados dispositivos que não possuem influência significativa sobre o sistema, já que em nada regulamentam os critérios para a concessão dos benefícios e o cálculo dos proventos.[73]

É fato que as peculiaridades da atividade militar exigem um tratamento diferenciado para estes profissionais tanto para a sua transferência para a inatividade, quanto para a concessão de benefício a seus dependentes que podem ser tolhidos do convívio com seu ente querido em razão do exercício de função de perigo elevado como é a desenvolvida pelas Forças Armadas, Policiais e Bombeiros.

Mas tais peculiaridades não poderiam permitir a delegação legislativa em questão, sob pena de se cometer disparidades.

Até porque o próprio legislador constituinte disciplinou as regras gerais para a concessão de outros benefícios para aqueles civis que exercem atividades perigosas ou de risco. Portanto, poderia tranquilamente estabelecer as normas gerais acerca do sistema previdenciário dos militares a serem seguidas pela União e demais Entes Federados.

## 6.1. FORÇAS ARMADAS

No caso dos Militares Federais, a Lei n. 3.765, de 4 de maio de 1960, regia a concessão das pensões por morte.

Contudo, ante a necessidade de se modificar o sistema de pensões dos militares, o governo editou normas que podem ser consideradas como de transição, alterando, assim, o referido diploma legal por intermédio da Medida Provisória n. 2.215-10, de 31 de agosto de 2001.

Dentre as alterações promovidas é possível destacar as mudanças no rol de beneficiários, que já havia sido alterado pela Lei n. 8.216/1991.

O rol de beneficiários, mesmo com as primeiras alterações, contava, em síntese, com cônjuge, companheiro/companheira, filhos, pais e pessoa designada como dependente.

Dentre os filhos, residia a maior polêmica, uma vez que o inciso I elencava de forma expressa as filhas solteiras, permitindo-se, assim, que a pensão militar fosse concedida às filhas dos militares independentemente de sua idade.

---

(73) MARTINS, Bruno Sá Freire. *Direito constitucional previdenciário do servidor público*. São Paulo: LTr, p. 130.

Tal possibilidade era e ainda é, em hipóteses raríssimas, objeto de inúmeras críticas pela sociedade, já que no caso dos civis o benefício se limita no máximo até os 21 (vinte e um) anos.

Então, a referida Medida Provisória promoveu a alteração do rol de beneficiários, excluindo a possibilidade de concessão da pensão às filhas maiores, estabelecendo que no caso de filhos e filhas o benefício se estenderia no máximo até os 24 (vinte e quatro) anos caso estes fossem estudantes.

Contudo, alteração de tamanha envergadura não poderia, principalmente no âmbito militar, ser promovida de forma tão brusca. Então, o Governo optou pela criação de uma regra que pode ser considerada como de transição, estabelecendo, no art. 31, uma contribuição adicional de 1,5% (um e meio por cento), para que os militares que se encontravam nas fileiras das corporações até a data da edição da Medida Provisória pudessem manter os benefícios na forma prevista na Lei n. 3.765/1960, observadas as alterações que lhe foram promovidas até 29 de dezembro de 2000.

Para que o militar possa garantir a seus dependentes os benefícios da legislação anterior faz-se necessário que mantenha a contribuição adicional até o seu óbito. No mesmo sentido caminha a jurisprudência pátria:

> ADMINISTRATIVO. PENSÃO POR MORTE. MILITAR. FILHAS MAIORES E SOLTEIRAS. LEI N. 3765/60. APLICAÇÃO DA NORMA VIGENTE À ÉPOCA DO ÓBITO. MP N. 2.215-10/2001. CONTRIBUIÇÃO DE 1,5% SOBRE O RESPECTIVO SOLDO. PRESERVAÇÃO DO DIREITO AOS BENEFÍCIOS ENTÃO EXTINTOS. JUROS DE MORA. I. A análise do direito à pensão por morte há de ser feita com base na lei vigente à época do óbito do militar. II. A MP n. 2.215-10, de 31 de agosto de 2001, em seu art. 7º, alterou a Lei n. 3.765/1960, deixando de mencionar a filha solteira como beneficiária da pensão por morte de militar. III. Possibilidade de manutenção do rol de beneficiários da pensão por morte nos termos da Lei n. 3.765/1960, mediante a contribuição de 1,5% sobre o respectivo soldo, segundo o disposto no art. 31 da mencionada medida provisória. IV. Consoante recente decisão do STF, no RE 453740, nas condenações impostas à Fazenda para o pagamento de verbas remuneratórias a servidores públicos, esses não podem exceder o percentual de 6% (seis por cento) ao ano, consoante art. 1º-F, da Lei n. 9.494/1997. V. Remessa oficial parcialmente provida.[74]

> ADMINISTRATIVO. RATEIO DE PENSÃO MILITAR. CÔNJUGE SUPÉRSTITE E FILHAS MAIORES E SOLTEIRAS. UM TERÇO PARA CADA. APLICAÇÃO DA LEI NO TEMPO — LEI N. 10.486/2002.

> 1. Consoante reiterada jurisprudência da Suprema Corte, assim como deste Superior Tribunal, tratando-se de concessão de pensão a dependentes de militar, o benefício

---

(74) TRF 5ª — 4ª T. — REO 200581000203354. Rel. Des. Nilcéia Maria Barbosa Maggi, DJ Data 3.7.2007 — p. 856, n. 126.

deve ser regido pelas leis vigentes ao tempo do óbito de seu instituidor. A propósito, confiram-se os seguintes julgados: AI-AgR 438.772/RJ, Rel. Min. CELSO DE MELLO, Segunda Turma, STF, DJ 30.11.2007; AgRg no REsp 601.721/PE, Relator Ministro Celso Limongi, 6ª Turma, DJ de 1º.1.2010; AgRg no REsp 1.024.344/SC, Rel. Min. O. G. Fernandes, Sexta Turma, DJe 6.10.2008.

2. O *de cujus* faleceu em dezembro de 2003, quando já em vigor o regime jurídico para as pensões militares disposto na Lei n. 10.486/2002, que alterou as disposições da Lei n. 3.765/1960 referente à pensão militar. O art. 39 da Lei n. 10.486/2002 estabeleceu a igualdade na divisão da pensão entre beneficiários da mesma ordem.

3. Todavia, o art. 36 da Lei n. 3.765/1960 estatuiu que, a manutenção dos benefícios previstos nessa Lei, entre eles a repartição entre os herdeiros em 50% para a viúva e 50% entre os demais, seria-lhes garantida desde que o militar contribuísse com 1,5% da sua remuneração, até a data de seu falecimento. Veja-se:

Art. 36:

(...)

I — A manutenção dos benefícios previstos na Lei n. 3.765, de 4 de maio de 1960, até 29 de dezembro de 2000, mediante contribuição específica de um vírgula cinco por cento da remuneração ou proventos; ou

II — a renúncia, em caráter irrevogável, ao disposto no inciso I, desde que expressa até 31 de agosto de 2002.

4. Dessarte, a Lei n. 10.486/2002 trata das novas regras para concessão de pensão militar, recepcionando, por sua vez, o direito do militar instituidor, garantindo, desde que pago 1,5% de seus proventos, a manutenção dos benefícios da lei, inclusive no tocante à sua repartição.

5. Na espécie, verifica-se que o militar efetivamente contribuiu com o referido percentual até a data de seu falecimento, razão porque assegurou a aplicação da referida regra de transição a seu caso.

6. Recurso ordinário provido.[75]

Depois de várias reedições da referida Medida Provisória, ocorreu sua conversão em Lei, editando-se a Lei n. 10.486, de 4 de julho de 2002, que, dentre outros assuntos, regulou a pensão por morte dos Militares nos arts. 35 a 54.

Novamente aqui era necessário amenizar os impactos da nova legislação, já que o rol de beneficiários foi mantido aqui também de forma restritiva. Para tanto, a Lei reproduziu a exigência de contribuição adicional para a manutenção das condições previstas na Lei n. 3.765/1960.

---

(75) STJ. 2ª T. RMS 33588/DF. Rel. Min. Mauro Campbell Marques, DJe 27.4.2011.

A Lei n. 10.486/2002, ao regular o benefício de pensão por morte, estabelece que os proventos da pensão por morte são iguais à remuneração ou aos proventos do militar e, em seu art. 35, define o seguinte rol de beneficiários:

a) viúvo ou viúva;

b) companheiro ou companheira;

c) filhos menores de vinte e um anos de idade ou até vinte e quatro anos de idade, se estudantes universitários;

d) pais, ainda que adotivos, que comprovem dependência econômica do militar;

e) pessoa designada mediante declaração escrita do contribuinte e que viva sob a dependência econômica deste, quando menor de 21 (vinte e um) ou maior de 60 (sessenta) anos.

Dispondo, ainda, que quando os beneficiários constantes do referido rol encontrarem-se inválidos, interditos ou acometidos de enfermidade grave, que os impeça de prover sua própria subsistência, terão direito ao benefício independente de idade.

O art. 39 estabelece que o benefício será concedido com observância da ordem de prioridade fixada pelo referido art. 35, que considera os beneficiários das letras *a*, *b* e *c* como de primeira ordem, os da letra *d*, como de segunda ordem e os da letra *e*, como de terceira ordem.

Impõe, ainda, que o benefício seja dividido em partes iguais quando houver beneficiários de mesma ordem de prioridade, salvo nos casos daqueles que recebam alimentos judicialmente fixados, hipótese em que o benefício corresponderá aos valores fixados na decisão judicial.

No âmbito do militarismo, o processo de concessão do benefício recebe a denominação de habilitação à pensão militar, ao qual deve ser juntada a declaração de beneficiário feita pelo militar ainda em vida.

A declaração de beneficiário constitui-se em documento no qual o militar indica os futuros beneficiários da pensão em caso de sua morte, bem como outras informações de caráter pessoal.

Uma vez preenchida corretamente, prevalecerá na definição da habilitação à pensão militar, salvo prova em contrário (art. 41, *caput*).

Contudo, a ausência da declaração não impede a concessão do benefício, já que o mesmo art. 40 que a exige permite que nestes casos sejam feitas diligências administrativas ou mesmo justificação judicial com a finalidade de se comprovar o direito ao benefício.

O art. 45 do Diploma Legal regedor das pensões por morte para os dependentes dos militares estabelece que o benefício somente será concedido quando o militar falecido tiver contribuído com 24 (vinte e quatro) contribuições mensais, facultando, ainda, aos beneficiários efetuar o recolhimento da exação.

Em regra, no âmbito do Regime Próprio de Previdência Social não existe o instituto da carência, sendo este afeto ao Regime Geral de Previdência.

Conforme já salientado, período de carência é o tempo correspondente ao número mínimo de contribuições mensais indispensáveis para que o beneficiário faça jus ao benefício, consideradas a partir do transcurso do primeiro dia dos meses de suas competências.[76]

Mas a exigência contida no art. 45 caracteriza uma espécie de carência para a concessão da pensão militar, introduzindo-se, assim, o instituto no seio do Regime Próprio.

O art. 49 elenca hipóteses em que o beneficiário perderá o direito à pensão, dentre as quais pode-se destacar a contida no inciso III, onde está definido que a perda da pensão se dará pela renúncia expressa ao benefício.

Regra geral os benefícios previdenciários são indisponíveis, ou seja, não podem ser rejeitados pelo seu titular, estando à disposição de seus titulares para serem usufruídos no momento em que entenderem pertinente, principalmente por possuírem, em sua grande maioria, natureza alimentar.[77]

Essa indisponibilidade não queda nem mesmo diante da possibilidade de desaposentação, uma vez que a jurisprudência, ao permitir o cancelamento da primeira aposentadoria, o faz somente nos casos em que restar demonstrado que o tempo de contribuição do benefício será utilizado em uma nova aposentadoria.

Mas aqui, a lei mitiga a indisponibilidade dos benefícios previdenciários e inova ao permitir ao dependente do militar renunciar ao recebimento da pensão por morte.

E a jurisprudência pátria referenda tal entendimento, sob os seguintes argumentos:

PENSÃO MILITAR — RENÚNCIA — CADUCIDADE. Existe documento nos autos mostrando que as autoras renunciaram à pensão militar, em favor da madrasta, tudo nos termos do art. 23, III, da Lei n. 3.765/1960. Após a morte da esposa do falecido pai de ambas, elas requerem o benefício, e alegam vício de consentimento na antiga manifestação. O prazo decandencial para anular a manifestação, no entanto, já se exarara muito antes de proposta a demanda, apenas ajuizada mais de vinte anos

---

(76) VIANA, José Ernesto Aragonés. *Curso de direito previdenciário*. São Paulo: LTr, p. 220.
(77) MARTINS, Bruno Sá Freire. *Direito constitucional previdenciário do servidor público*. São Paulo: LTr, p. 40.

após o ato de renúncia. Correta a sentença que pronunciou a prescrição. Apelo desprovido. Sentença mantida.(78)

CIVIL E ADMINISTRATIVO — RENÚNCIA A PENSÃO MILITAR — ART. 23, III, DA LEI N. 3.765/1960 — PERDA DO DIREITO AO BENEFÍCIO — ANULAÇÃO DO ATO — VÍCIO DE VONTADE — AUSÊNCIA DE COMPROVAÇÃO — PRESCRIÇÃO — 4 (QUATRO) ANOS — ART. 178, § 9º, V, "B", DO CÓDIGO CIVIL DE 1916. I — O beneficiário que renuncia à pensão militar, nos termos do art. 23, III, da Lei n. 3.765/1960, perde o direito ao benefício, pois, ao contrário dos alimentos, trata-se de direito renunciável, sendo a renúncia irrevogável nesse caso. II — Apesar de a pensão por morte ser um benefício destinado ao sustento da família, é matéria própria do Direito Previdenciário, não podendo ser confundida com o direito a alimentos regulado no Livro IV (Do Direito de Família), Título II (Do Direito Patrimonial), Subtítulo III (Dos Alimentos), do Novo Código Civil (Lei n. 10.406/2002). III — A anulação de ato jurídico eivado de vício de vontade depende de prova cabal da ocorrência do vício por aquele que praticou o ato, não bastando mera alegação da vítima de que é pessoa de pouco estudo. IV — Se o ato de renúncia foi realizado em 1977, operou-se a consumação da prescrição em 1981, pois, de acordo com o Código Civil de 1916 (art. 178, § 9º, V, "b"), vigente à data da renúncia, prescreve em 4 (quatro) anos a ação de anular ou rescindir os contratos, para a qual se não tenha estabelecido menor prazo; contado este, no caso de erro, dolo, simulação ou fraude, do dia em que se realizar o ato ou o contrato. V — Recurso da UNIÃO e remessa necessária providos, para reformar a sentença e julgar improcedente o pedido, extinguindo o processo com resolução de mérito, nos termos do art. 269, IV, do CPC.(79)

Por fim, o art. 54 permite que os proventos de pensão por morte sejam cumulados com remuneração e outros proventos decorrentes de reforma ou aposentadoria civil, bem como com a pensão por morte concedida em outro Regime Previdenciário.

## 6.2. Ex-combatentes

O conceito de ex-combatente abarca aqueles militares que tenham participado de operações bélicas durante a Segunda Guerra Mundial, nos termos da Lei n. 5.315, de 12 de setembro de 1967. Para estes cidadãos outorgou-se pensão de natureza especial como forma de retribuir os serviços prestados e garantir o seu sustento no pós-guerra.

A pensão especial outorgada aos ex-combatentes não possui natureza previdenciária, uma vez que os benefícios desta natureza pressupõem a realização de contribuições e, mesmo se assim não fosse, não preencheria os requisitos de um benefício previdenciário.

---

(78) TRF 2ª — 6ª T. AC 200951010072069. Rel. Des. Guilherme Couto, E-DJF2R — Data 3.5.2010 — p. 211.
(79) TRF 2ª 7ª T. AC 199851022054808. Rel. Des. Sérgio Schwaitzer, DJU 10.4.2008 — p. 171.

Isto porque a aposentadoria, em toda a história, exigiu o completamento de determinado tempo de serviço ou, mais recentemente, tempo de contribuição. E as pensões sempre se caracterizaram como benefício pago em decorrência do óbito dos segurados.

No caso do benefício pago ao ex-combatente, seu pagamento decorre do exercício de uma atividade específica de grandeza ímpar, é verdade, mas sem a característica da continuidade, além de não possuir nenhum vínculo com outro segurado que tenha ido a óbito.

Portanto, a pensão especial paga aos ex-combatentes caracteriza-se como benefício assistencial com características próprias definidas na Lei n. 8.059, de 4 de julho de 1990.

Dentre as peculiaridades atinentes a este benefício encontra-se a possibilidade de que seja paga pensão de mesma natureza aos dependentes do ex-combatente, já que, conforme estabelece o seu art. 6º, a pensão especial é devida ao ex-combatente e somente em caso de sua morte será revertida aos dependentes.

Para tanto, a legislação supramencionada define o rol de dependentes (art. 5º), a forma como se dará a prova da condição de dependente (art. 7º) e as causas de extinção do benefício (art. 14), dentre outras características específicas do benefício de pensão por morte.

Então, apesar de o texto legal falar em reversão da pensão dos ex-combatentes a seus dependentes, estamos diante de um benefício com todos os contornos da pensão por morte, somente não o sendo assim considerado em razão da natureza assistencial da pensão especial paga a estes cidadãos.

## 6.3. Militares estaduais

A Carta Magna impõe aos militares estaduais, na condição de forças auxiliares, a observância das normas gerais federais atinentes à organização, ao preparo e ao emprego das Forças Armadas, ao estabelecer, no § 1º de seu art. 42, a aplicabilidade a estes do disposto no § 2º do art. 142.

Entretanto, ante as omissões constitucionais já expostas, o Texto Maior não deixa claro se as forças militares estaduais devem possuir como parâmetro, nas hipóteses de concessão da pensão por morte, as regras federais existentes.

A princípio e com base na sobredita natureza de forças auxiliares, as regras federais atinentes à pensão por morte deveriam ser seguidas pelos Estados e pelo Distrito Federal para seus militares.

Mas diante do teor do § 2º do art. 42 da Constituição Federal, as legislações estaduais vão além do estabelecido em âmbito federal e, ao mesmo tempo, sob o argumento de que seu regime jurídico é diferenciado do dos demais servidores, também não observam as regras estabelecidas para as pensões por morte nos casos de óbitos de servidores civis.

Com isso, possuímos hoje, em nosso sistema previdenciário, 27 (vinte e sete) regramentos diferenciados no que tange às pensões por morte.

No caso do Rio de Janeiro, por exemplo, onde temos uma polícia militar com grande número de integrantes e muito anos de existência, a Lei estadual n. 443, de 1º de julho de 1981, em seu art. 48, § 2º, item 8, permite a concessão de pensão por morte às filhas maiores solteiras desde que elas não recebam remuneração.

Em Mato Grosso, onde o número de policiais é relativamente pequeno se comparado ao dos grandes Estados, mas que pode ser considerada como uma Instituição cuja existência também já se alonga no tempo, a Lei Complementar Estadual n. 231/2003 autoriza a concessão do benefício à pessoa designada, maior de 60 (sessenta) anos, e à pessoa portadora de deficiência que vivam sob a dependência econômica do militar (art. 87, inciso I, e).

Já a Polícia Militar do Acre, que pode ser considerada uma polícia nova, mantém como beneficiário da pensão por morte a pessoa declarada, impondo, contudo, aos do sexo masculino, o fato de ser menor de 18 anos ou maior de 60 anos (art. 7º, II, da Lei Complementar Estadual n. 4/1981).

A análise perfunctória de três instituições militares demonstra que a legislação castrense estadual não acompanhou a evolução da legislação militar federal, salvo nos casos das Polícias mais jovens, em que o texto adota significativamente as regras de concessão do benefício estabelecidas para os dependentes dos integrantes das Forças Armadas.

# Capítulo VII

# *A Pensão por Morte e a Necessidade de Equilíbrio do Sistema Previdenciário*

A pensão por morte constitui-se em benefício que possui características tanto previdenciárias quanto alimentares, isto porque o óbito origina uma quebra súbita e irreversível dos rendimentos do trabalho que fossem porventura a base de apoio econômico dos familiares dependentes do beneficiário, designadamente do ex--cônjuge e dos descendentes. Ao mesmo tempo, a ocorrência origina um acréscimo de despesas, como acontece com os encargos inerentes à realização do funeral, à eventual satisfação de compromissos do falecido e à adaptação da família à nova situação criada. Estes encargos representam também, por si mesmos, uma redução, embora indirecta, dos rendimentos disponíveis.[80]

Essa contingência social de natureza peculiar exige uma visão legislativa diferenciada, induzindo o ordenamento a permitir a concessão do benefício em circunstâncias plenamente questionáveis no aspecto previdenciário. Exemplo disso é a possibilidade de o enteado fazer jus à pensão por morte.

Uma das justificativas para a existência de critérios questionáveis para a concessão do benefício consiste no fato de que a indigência social é afastada pela dignidade da mantença. A diminuição dos recursos financeiros, não obstante exceções, gera indigência, visto a mantença, em que pese existente, ser indigna. Estas

---

[80] NEVES, Ilídio das. *Direito da seguridade social:* princípios fundamentais numa análise prospectiva. Coimbra: Coimbra. p. 469.

situações, mesmo que previsíveis, hão de ser reconhecidas como contingências sociais, pois o sistema não visa à superação da cessação total dos rendimentos, mas ao saneamento da indigência social.[81]

É preciso destacar, ainda, que a definição dos critérios de concessão da pensão são norteados pelo momento social em que vivemos, adequando-se à realidade dos sistemas previdenciários naquele momento.

Prova disso, reside na possibilidade, até bem pouco tempo, de concessão de pensão por morte às filhas maiores solteiras dos militares das Forças Armadas, como uma regra geral do sistema previdenciário da caserna. Hoje extirpada do mundo jurídico, frente à sua incompatibilidade com os preceitos previdenciários, existindo ainda somente em situações peculiares já demonstradas.

É fato que os critérios e os requisitos exigidos para a concessão da pensão por morte, tanto no Regime Geral quanto no Regime Próprio, contribuem diretamente para o desequilíbrio financeiro do sistema previdenciário brasileiro.

E, atualmente, tanto o Regime Geral quanto a maioria dos Regimes Próprios apresentam resultados financeiros negativos de forma sucessiva, fato que causa temor aos governantes.

Principalmente porque o déficit da Previdência do Regime Próprio da União deverá chegar a R$ 57 bilhões em 2011, dado oficial. E esse déficit está crescendo 10% ao ano. No ano passado, o rombo foi de R$ 51 bilhões, dos quais R$ 19 bilhões são específicos dos militares. Com essa perspectiva de crescimento do resultado negativo, o valor do déficit se aproxima cada vez mais da ordem de grandeza do orçamento do Ministério da Educação — de cerca de R$ 60 bilhões — e da Saúde, de R$ 70 bilhões. O saldo vermelho dessa conta é bancado pelo Tesouro Nacional.

Dois pontos tornam esse cenário ainda mais nebuloso. O primeiro é o número de assistidos, que, no regime próprio, é de apenas 950 mil pessoas. Para se ter uma ideia, o regime geral abrange um total de 24 milhões de contribuintes da iniciativa privada. Em 2010, o déficit da Previdência desse grupo de pessoas custou ao Tesouro Nacional R$ 43 bilhões e a expectativa é a de que, com o aumento da arrecadação gerado pelo crescimento da formalização do mercado de trabalho, o rombo ceda para um intervalo entre R$ 38 bilhões e R$ 39 bilhões este ano.[82]

Estes déficits crescentes ensejaram, nos últimos anos, uma série de reformas no sistema previdenciário brasileiro, todas com objetivo de promover adequações que pudessem evitar o seu colapso financeiro.

Boa parte das críticas acerca do regime de concessão das pensões por morte residia na legislação dos Regimes Próprios, em especial no que tangia à forma de cálculo dos proventos.

---

(81) BERBEL, Fábio Lopes Vilela. *Teoria geral da previdência social*. São Paulo: Quartier Latin, p. 207.
(82) *Previdência tem que mudar para melhor*. Disponível em: <www.ieprev.com.br> Acesso em: 6.9.2011.

Um dos principais argumentos apresentados consistia no fato de que esta modalidade de proteção social tem por objetivo específico a manutenção das necessidades materiais dos dependentes, proporcionalmente ao padrão do qual desfrutavam anteriormente ao falecimento do segurado, até o teto fixado para os benefícios do RGPS. Como benefício de caráter puramente substitutivo que é, não deveria proporcionar elevação de ganhos àqueles a quem se destina, mesmo porque não é esse propósito da proteção social previdenciária. Ocorre que, sob a forma como está formatada, a pensão por morte promove uma elevação nos ganhos dos dependentes. Ou seja, o valor da prestação — ao corresponder a cem por cento do valor da aposentadoria que o segurado recebia ou daquela a que teria direito, se estivesse aposentado por invalidez na data do seu falecimento —, tende a ser equivalente à renda que a família auferia antes do óbito do instituidor, resultando em um aumento nas disponibilidades financeiras *per capita*, já que, agora, falecido um de seus membros, o mesmo ingresso mensal será dividido entre menos pessoas. Tal mecanismo se reproduz, ainda, quando ocorre a reversão, em favor dos demais pensionistas, da parcela daquele dependente cujo direito à pensão cessa, o que resulta numa imediata elevação na renda *per capita* dos beneficiários remanescentes.[83]

Daí as reformas, em especial a decorrente da Emenda Constitucional n. 41/2003, atingirem, em cheio, as pensões, modificando a forma de cálculo de seus proventos, que até então corresponderiam à integralidade da remuneração do *de cujus*, conforme anteriormente mencionado.

Concluiu-se que, sob a ótica do fluxo de caixa, a combinação das medidas propostas gerará efeitos de curto, de médio e de longo prazo no orçamento da Previdência dos Servidores Públicos Civis da União. Pode-se estimar que, em termos de valor presente líquido, essas medidas reduziriam a insolvência do sistema na ordem de R$ 49,0 bilhões em um horizonte temporal de 20 anos (2004 a 2023).[84]

Mesmo assim, sob o aspecto previdenciário, a reforma foi tímida, já que não discutiu, ainda que no plano infraconstitucional, as questões relacionadas aos critérios para a concessão, a durabilidade e a forma pela qual é rateado o benefício.

Então, alia-se o déficit crescente, cujas projeções são sempre as piores possíveis, ao fato de que, de maneira geral, os regimes previdenciários são organizados pelo Estado, tendo como regime de financiamento a repartição simples, que tem ficado seriamente vulnerável pelas variações demográficas e pela diminuição do ingresso de novos trabalhadores no mercado de trabalho. Assim, os efeitos da longevidade cada vez mais crescente e a redução no número de trabalhadores ativos contribuintes

---

(83) SCHWARZER, Helmut (org.). Previdência social: reflexões e desafios. *Coleção Previdência Social*, v. 30, p. 23-24.
(84) CAETANO, Marcelo Abi-Ramia; OLIVEIRA, Antônio Mário Rattes de; MASCARENHAS, Roberta de Aguiar Costa. Análise atuarial da reforma da previdência do funcionalismo público da União. *Coleção Previdência Social*, v. 21, p. 67.

repercutem diretamente nos custos previden-ciários, elevando-os a tal patamar de despesa que o Estado vê sua capacidade de investimento ser reduzida drasticamente. Além disso, deve ser considerado que, reduzidas as taxas de crescimento da economia dos países, em alguns casos taxas negativas, também afetam as contas previdenciárias em razão da diminuição da receita de contribuições, principal fonte de custeio dos sistemas previdenciários.[85]

Faz-se necessária a adequação dos sistemas previdenciários, em especial da pensão por morte, aos princípios previdenciários.

Pois, ainda que a pensão por morte tenha por objetivo garantir o sustento da família do *de cujus* que deixou de contribuir com a manutenção daquele lar, é preciso lembrar que o sistema previdenciário não funciona apenas e simplesmente como um alicerce financeiro das pessoas.

Para tanto, há de se rediscutir algumas situações hoje existentes em ambos os Regimes básicos, tais como o fato de a pensão para a viúva ser vitalícia independentemente da idade que ela possua ou mesmo que contraia novo casamento ou união estável.

Na primeira hipótese, não se pode esquecer que as pessoas jovens possuem plenas condições de se inserir no mercado de trabalho novamente e a manutenção perpétua do benefício funcionará como um desestímulo para tanto.

A segunda hipótese é pior ainda, já que impõe ao sistema previdenciário manter o sustento de uma pessoa mesmo quando ela tenha constituído nova família. Que situação de contingência social continua a existir nesta hipótese?

Outro fator que pode ser citado como exemplo de distorção dos objetivos da pensão por morte reside na possibilidade de que os cônjuges separados judicialmente ou divorciados que recebam alimentos para si venham a receber pensão por morte com valores superiores aos que lhes eram pagos na forma de obrigação alimentar.

Estes e outros fatores atuando em conjunto dentro do sistema previdenciário contribuem para o propalado e crescente déficit que tanto atormenta os governantes e as futuras gerações.

É preciso que o sistema previdenciário brasileiro, principalmente nos regimes básicos, atente-se aos efeitos nefastos causados no seio familiar pela morte de um ente querido, em especial quando este atua como o provedor daquele núcleo familiar.

Mas essa observância não pode se dar de forma a afastar as características previdenciárias do benefício, devendo a legislação buscar um equilíbrio que permita

---

(85) SILVA, Delúbio Gomes Pereira da. *Regime de previdência social dos servidores públicos no Brasil:* perspectivas. São Paulo: LTr, p. 9.

a observância dos aspectos familiares dentro de limites que caracterizam uma contingência social.

Somente assim será possível afastar hipóteses de concessão ou mesmo manutenção do benefício que possam soar não como a cobertura de uma necessidade social, mas como um enriquecimento daqueles beneficiários, como aparentemente ocorre nas hipóteses mencionadas; e contribuir para a amenização do déficit previdenciário hoje existente, garantindo às futuras gerações um sistema previdenciário equilibrado que não prejudique a família do segurado falecido.

# CONSIDERAÇÕES FINAIS

Ao final da jornada é possível concluir que a pensão por morte, na condição de benefício previdenciário, constitui-se em instrumento de fundamental importância para a preservação da célula-mater da sociedade, a família.

A desestruturação de um lar decorrente da perda de um ente querido não pode ser ainda mais agravada com perdas financeiras que comprometam o sustento do que restou daquele núcleo familiar.

Contudo, a pensão por morte, na condição de benefício previdenciário, precisa adaptar-se a esta realidade, ou seja, a legislação norteadora de sua concessão, em ambos os Regimes Previdenciários básicos, deve observar o contexto de nossa sociedade e afastar de seu teor situações que não compactuam com a realidade social e com os preceitos previdenciários.

O mundo já caminha nesse sentido, então, o Brasil, que busca a condição de País desenvolvido, não pode se furtar a essa tarefa, sob pena de não se adaptar à realidade social local e mundial.

Em que pese a proximidade de regras existente entre o Regime Geral e os Regimes Próprios, estas ainda se afastam das realidades supramencionadas, clamando, por conseguinte, por adequações.

A sociedade é dinâmica e evoluiu tanto nos aspectos demográficos quanto conceituais, não podendo a legislação previdenciária estar alheia a esta evolução.

Até porque a saúde financeira destes regimes exige tal contextualização, é preciso buscar-se formas de equilibrar-se financeiramente o sistema previdenciário brasileiro e uma das soluções para esse equilíbrio encontra-se na adequação do benefício de pensão.

Mas não se pode perder de vista as questões sociais e de garantia da estrutura familiar que estão ligadas à pensão por morte, sob pena de se estabelecer legalmente injustiças.

Os integrantes do sistema previdenciário em todas as suas esferas precisam compreender que este possui um custo não financeiro, mas social, que deve ser pago com as contribuições de todos os contribuintes.

Exemplo deste custo previdenciário consiste na necessidade de pagamento de pensão aos genitores do segurado falecido, nas hipóteses em que este, em vida, contribuía decisivamente para o sustento de seus pais.

Seria inadmissível afastar a possibilidade de pagamento de pensão por morte nestes casos e impor às pessoas com idade avançada a busca por nova fonte de receitas que garantam a sua existência.

Assim, a pensão por morte envolve e contempla muito mais do que uma questão de matemática atuarial e financeira, com o objetivo de garantir o equilíbrio financeiro do sistema. Contempla, sim, todo um aspecto social que deve ser levado em consideração pelo aplicador da norma, mas em especial pelo legislador no momento de discussão e elaboração da redação dos diplomas legais que têm o condão de regulamentar o benefício.

# BIBLIOGRAFIA

BERBEL, Fábio Lopes Vilela. *Teoria geral da previdência social*. São Paulo: Quartier Latin.

BRIGUET, Magadar Rosália Costa; VICTORINO, Maria Cristina Lopes; HORVATH JÚNIOR, Miguel. *Previdência social* — aspectos práticos e doutrinários dos regimes jurídicos próprios. São Paulo: Atlas.

BUREAU INTERNACIONAL DO TRABALHO. *A extensão da cobertura de segurança social*. Serviços de Políticas e Desenvolvimento da Segurança Social. Genebra: Setor da Proteção Social.

CORREIA, Marcus Orione Gonçalves; CORREIA, Érica Paula Barcha. *Curso de direito da seguridade social*. 3. ed. São Paulo: Saraiva.

DIAS, Eduardo Rocha; MACÊDO, José Leandro Monteiro de. *A nova previdência social do servidor público* (de acordo com a Emenda Constitucional n. 41/2003). São Paulo: Letra Legal.

DINIZ, Maria Helena. *Dicionário jurídico*. São Paulo: Saraiva. v. 3.

DINIZ, Paulo de Matos Ferreira. A paridade entre os servidores públicos e suas consequências com a reforma da previdência e do PAC. *Revista Fórum Administrativo*, ano 7, n. 72.

FERNANDES, Bernardo Gonçalves. *Curso de direito constitucional*. 2. ed. Rio de Janeiro: Lumen Juris.

GUERRA, Sônia. *Previdência do servidor público e a gestão dos regimes próprios*. Rio de Janeiro: Lumen Juris.

HOLANDA, Aurélio Buarque de. *Novo dicionário Aurélio da língua portuguesa*. 3. ed. São Paulo: Positivo.

IBRAHIM, Fábio Zambitte. *Curso de direito previdenciário*. 13. ed. Niterói: Impetus.

IBRAHIM, Fábio Zambitte; TAVARES, Marcelo Leonardo; VIEIRA, Marco André Ramos. *Comentários à reforma da previdência*. Niterói: Impetus.

KERTZMAN, Ivan. *Curso prático de direito previdenciário*. 3. ed. Salvador: Juspodivm.

LAZZARI, João Batista; CASTRO, Carlos Alberto Pereira de. *Manual de direito previdenciário*. 5. ed. São Paulo: LTr.

MARTINS, Bruno Sá Freire. *Direito constitucional previdenciário do servidor público*. São Paulo: LTr.

MARTINS, Sergio Pinto. *Direito da seguridade social*. 25. ed. São Paulo: Atlas.

_____ . *Reforma previdenciária*. São Paulo: Atlas.

MINISTÉRIO DA PREVIDÊNCIA SOCIAL. *Coleção previdência social*. v. 1, 3, 4, 6, 7, 8, 10, 11, 12, 13, 15, 16, 17, 18, 19, 20, 21, 22, 23, 24, 25, 26, 28, 29, 30, 31 e 32.

MEIRELLES, Hely Lopes. *Direito administrativo brasileiro*. 26. ed. São Paulo: Malheiros.

MORAES, Alexandre de. *Constituição do Brasil interpretada e legislação constitucional*. São Paulo: Atlas.

MORAIS, Michel Martins de. Presunção de dependência econômica na pensão por morte. Uma análise da jurisprudência. *Jus Navigandi*, Teresina, ano 15, n. 2.570, 15 jul. 2010. Disponível em: <http://jus.uol.com.br/revista/texto/16981> Acesso em: 3.4.2011.

NEVES, Ilídio das. *Direito da seguridade social:* princípios fundamentais numa análise prospectiva. Coimbra: Coimbra.

NUNES, Rizzatto. *Manual de introdução ao estudo do direito*. 10. ed. São Paulo: Saraiva.

PEREIRA, Caio Mário da Silva. *Instituições de direito civil*. 23. ed. Rio de Janeiro: Forense.

PINHEIRO, Vinícius Carvalho; SILVA, Delúbio Gomes Pereira; GUIMARÃES, Mônica Cabanas et al. *80 anos da previdência social*: a história da previdência social no Brasil — um levantamento bibliográfico documental e iconográfico. Ministério da Previdência Social, 2002.

SILVA, Delúbio Gomes Pereira da. *Regime de previdência social dos servidores públicos no Brasil:* perspectivas. São Paulo: LTr.

SPECHOTO, Karina. *Dos regimes próprios de previdência social*. São Paulo: LTr.

TAFNER, Paulo. Simulando o desempenho do sistema previdenciário e seus efeitos sobre a pobreza sob mudanças nas regras de pensão e aposentadoria. *IPEA, Texto para Discussão n. 1.264,* Rio de Janeiro, mar. 2007.

TAVARES, Marcelo Leonardo. *Direito previdenciário*. 10. ed. Rio de Janeiro: Lumen Juris.

TEIXEIRA, Flávio Germano de Sena. *O controle das aposentadorias pelos tribunais de contas*. Belo Horizonte: Fórum.

TSUTIYA, Augusto Massayuki. *Curso de direito da seguridade social*. São Paulo: Saraiva, 2007.

VENOSA, Sílvio de Salvo. *Introdução ao estudo do direito*. 3. ed. São Paulo: Atlas.

VIANA, João Ernesto Aragonés. *Curso de direito previdenciário*. 2. ed. São Paulo: LTr.

VIANNA, Cláudia Salles Vilela. *Previdência social* — custeio e benefícios. 2. ed. São Paulo: LTr.

VIEIRA, Marcos André Ramos. *Manual de direito previdenciário*. 5. ed. Niterói: Impetus.

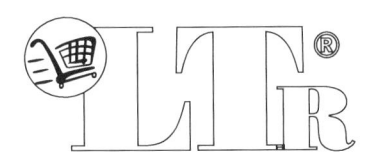

| LOJA VIRTUAL | BIBLIOTECA DIGITAL | E-BOOKS |
| --- | --- | --- |
| www.ltr.com.br | www.ltrdigital.com.br | www.ltr.com.br |